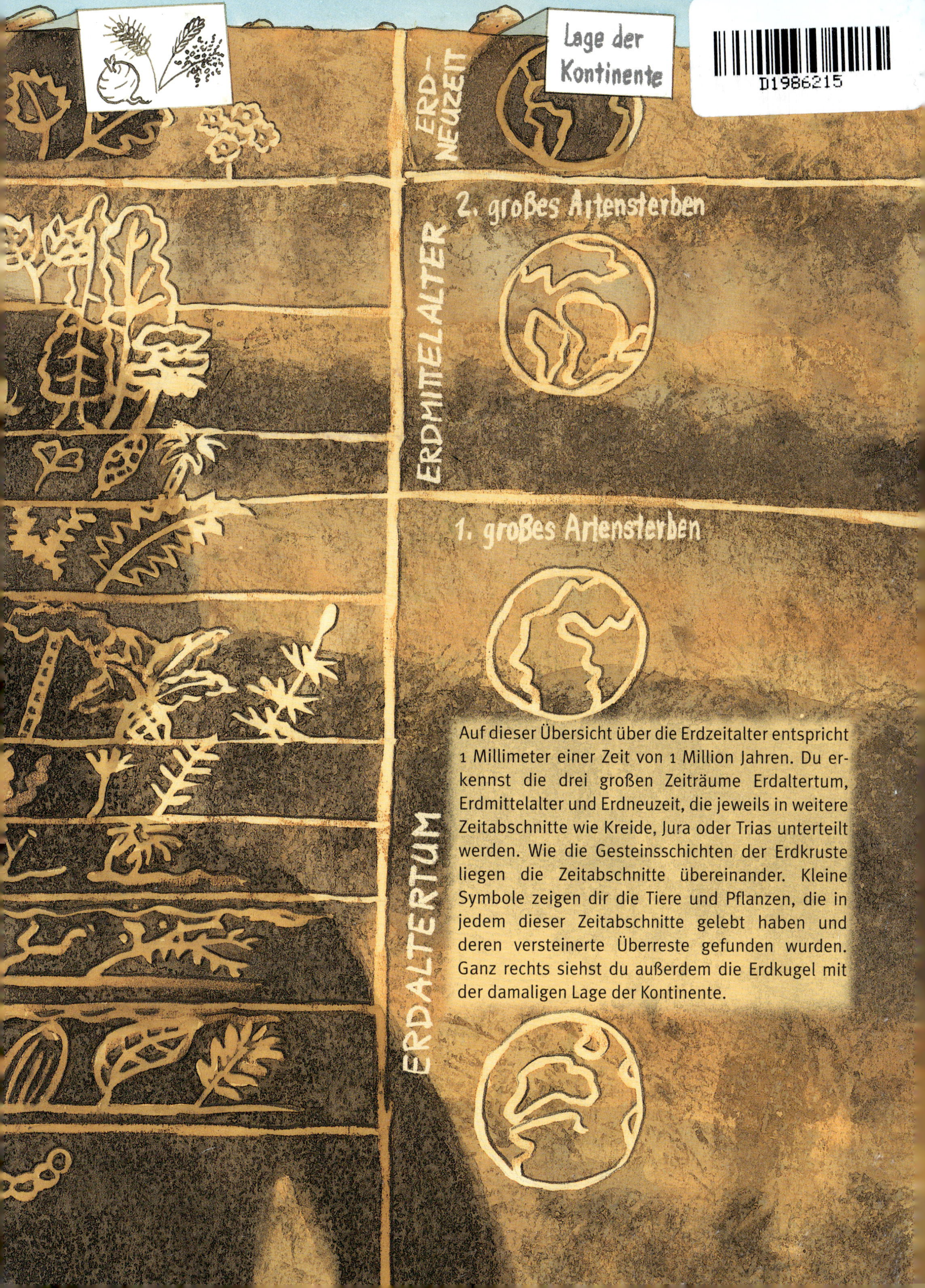

Auf dieser Übersicht über die Erdzeitalter entspricht 1 Millimeter einer Zeit von 1 Million Jahren. Du erkennst die drei großen Zeiträume Erdaltertum, Erdmittelalter und Erdneuzeit, die jeweils in weitere Zeitabschnitte wie Kreide, Jura oder Trias unterteilt werden. Wie die Gesteinsschichten der Erdkruste liegen die Zeitabschnitte übereinander. Kleine Symbole zeigen dir die Tiere und Pflanzen, die in jedem dieser Zeitabschnitte gelebt haben und deren versteinerte Überreste gefunden wurden. Ganz rechts siehst du außerdem die Erdkugel mit der damaligen Lage der Kontinente.

Für Louisa

20. Juni 2007

Oma Inge + Opa Horst

Bärbel Oftring • Helge Nyncke

Von Sauriern und Urpferdchen

Leben in der Urzeit

Patmos

BÄRBEL OFTRING
Jahrgang 1962, studierte Diplom-Biologie an den Universitäten Mainz und Tübingen, lebt als Autorin und Lektorin in der Nähe von Stuttgart. Sie hat zahlreiche Sachbücher über biologische Themen für Kinder geschrieben. Neben der heimischen Tierwelt liegt ihr besonders die Entwicklungsgeschichte der Wirbeltiere, also der Fische, Lurche, Kriechtiere, Vögel und Säugetiere, am Herzen.

Helge Nyncke
Jahrgang 1956, hat vier Kinder und lebt mit seiner Familie in Mühlheim am Main. Seit über 20 Jahren schreibt und illustriert er Kinderbücher und Kinderfilme.

Auf der vorhergehenden Seite sind folgende Saurier zu sehen:
Links: Flugsaurier Rhamphorhynchus; Mitte: Dinosaurier Brachiosaurus, rechts oben: Flugsaurier Pterodactylus, rechts unten: Flugsaurier Anurognathus

Auf dieser Doppelseite:
Oben: versteinerter Trilobit; unten: Australopitrecus, rechts : Hausschwein und Triceratops

Bibliografische Information der Deutschen Bibliothek
Die Deutsche Bibliothek verzeichnet diese Publikation in der Deutschen Nationalbibliografie; detaillierte bibliografische Daten sind im Internet über http://dnb.ddb.de abrufbar

Bärbel Oftring (Text)
Helge Nyncke (Illustrationen)
Von Sauriern und Urpferdchen

Für die fachliche Beratung danken wir Prof. Dr. Frank Westphal, Tübingen

Druck und Verarbeitung:
Theiss, A-St. Stefan im Lavanttal

ISBN 3-491-42023-7
www.patmos.de

INHALT

FRÜHZEIT: DIE STÜRMISCHEN ZEITEN DER ERDE

Am Anfang war die Erde eine glühend heiße Feuerkugel. Erst im Lauf von vielen Millionen Jahren wurde aus ihr die einzigartige Welt, die ihr kennt. Doch die Tiere und Pflanzen, die heute auf der Erde leben, haben nicht immer existiert. Zunächst lebten nur einfache Bakterien, aus denen sich in unvorstellbar langen Zeiträumen die heutigen Lebewesen entwickelten. Die Geschichte ihrer Entwicklung erzählt dieses Buch.

0:00 UHR

DIE »STUNDE NULL«

Vor 4600 Millionen Jahren entstanden aus unvorstellbar großen Staub- und Gaswolken die Sonne, die Erde und die anderen Planeten unseres Sonnensystems. Zunächst war unser Planet Erde eine glühende Kugel, die langsam abkühlte. Es bildete sich eine feste Kruste, die von feurigen Rissen und Spalten durchzogen war.

Aus ihnen entwichen Wasserdampf und andere Gase und bildeten riesige Wolken, die die Erde verhüllten. Aus diesen Wolken ergoss sich über Jahrmillionen sintflutartiger Regen, der sich in tiefen Becken sammelte. So entstanden die ersten Urozeane – und in ihnen vollzog sich das Einmalige: Aus einfachen Bausteinen entwickelten sich die ersten Lebewesen. Das waren keine Tiere oder Pflanzen, sondern einfach gebaute Bakterien. Elf verschiedene Bakterien fanden die Wissenschaftler in den ältesten Gesteinen unserer Erde, die rund 3485 Millionen Jahre alt sind. Ihre Nachfahren existieren noch heute in brodelnd heißen Quellen.

Präkambrium

1. Meteoriteneinschlag am Ende des Erdaltertu
Artensterben

LUFT ZUM ATMEN

Vor etwa 3000 Millionen Jahren gab es in der Luft noch keinen Sauerstoff zum Atmen. Bakterien im Meerwasser waren immer noch die einzigen Lebewesen auf der Erde. Einige von ihnen, die Cyanobakterien, lagerten in ihrem Zellinnern den Pflanzenfarbstoff Blattgrün ein. Sie fingen damit die Sonnenenergie und produzierten Sauerstoff, so wie die heutigen Pflanzen. Über Jahrmillionen reicherte er sich in die Atmosphäre an und ermöglichte es schließlich, dass viele Millionen Jahre später Tiere das Land besiedeln konnten.

DIE VIER EPOCHEN DER ERDGESCHICHTE

Die Untersuchung von jüngeren Gesteinen zeigt: Zweimal – vor 250 Millionen Jahren und vor 65 Millionen Jahren – starben plötzlich fast alle Lebewesen auf der ganzen Erde aus. Und danach entwickelten sich aus den wenigen verbliebenen Arten explosionsartig neue. Deshalb unterscheiden die Paläontologen vier Epochen in der Erdgeschichte: das Präkambrium vor der Explosion des Lebens, das Erdaltertum, das Erdmittelalter und die Erdneuzeit, in der wir heute leben. Im Erdaltertum beherrschten die Fische und Lurche die Erde, das Erdmittelalter war das Reich der Kriechtiere und in der Erdneuzeit sind die Säugetiere die herrschende Tiergruppe. Vorne im Buch findest du eine Übersicht über die Erdzeitalter.

DAS PLÖTZLICHE AUSSTERBEN VIELER ARTEN

Warum nur starben so plötzlich so viele Tiere und Pflanzen aus? Waren Krankheiten, vulkanische Giftgase oder Klimakatastrophen daran Schuld? Die Paläontologinnen und Paläontologen, also die Fossilien-Wissenschaftler, untersuchten die Gesteine genauer und fanden darin Hinweise, dass damals riesige Asteroiden aus dem Weltall auf die Erde geprallt sind. Danach brachen Vulkane aus, der Sauerstoffgehalt der Meere nahm ab und das Klima geriet aus dem Gleichgewicht. Das, so glauben die Forscher, konnten die meisten Arten nicht überleben.
Eine weitere Ursache für das Artensterben war die Bewegung der Kontinente. Sie brachen auseinander oder stießen zusammen. Tiere und Pflanzen lebten plötzlich auf isolierten Inseln oder trafen auf einwandernde Arten. Es konnten nicht mehr alle satt werden und viele Arten starben aus.

2. Meteroiteneinschlag
am Ende des Erdmittelalters;
Artensterben

Unsere Erde heute:
Erdneuzeit

DIE EXPLOSION DES LEBENS

21:02 UHR

Vor 570 Millionen Jahren, am Anfang des Erdaltertums, geschah etwas, das die Wissenschaftler die Explosion des Lebens nennen. Schlagartig tauchten erstmals größere Tiere mit Panzern und Skeletten auf.

1 Eldonia
2 Odontogriphus
3 Pikaia
4 Amiskwia
5 Aysheaia
6 Wiwaxia
7 Opabinia
8 Jianfengia
9 Sanctaris-Fossil
10 Schwamm
11 Sanctaris
12 Dinomischus
13 Odaraia
14 Sarotrocercus
15 Hallucigenia
16 Marella

DIE ERSTEN TIERE UND PFLANZEN

Schon lange vor der Explosion des Lebens gab es die ersten Lebewesen. So entwickelten sich vor 1500 Millionen Jahren aus den verschiedenen Bakterien erste Einzeller. Aus ihnen entstanden dann erste Algen und schwammähnliche Tiere. Vor rund 700 Millionen Jahren lebten schon erstaunlich viele Tiere in den Ozeanen. Ihre Spuren fanden Paläontologen in den berühmten Ediacara-Gesteinen Südaustraliens.

DAS MEER IM KAMBRIUM

Die Burgess-Gesteine aus dem Kambrium wimmeln nur so von Fossilien. Bizarre Lebewesen schwammen und krochen damals in dem vom Sonnenlicht durchfluteten Flachwasser der Meere. Sie sahen völlig anders aus als die Tiere, die du heute kennst. Genauso rätselhaft erscheinen sie den Wissenschaftlern. In mühsamer Kleinarbeit versuchen sie herauszubekommen, wie diese kleinen, meist nur daumennagelgroßen Tiere gelebt haben.

EVOLUTION – WAS IST DAS?

Die Umwelt der Tiere und Pflanzen ändert sich ständig. Wir selbst bemerken das zwar kaum, aber wenn ihr die Erdgeschichte betrachtet, fallen diese Änderungen deutlich auf. Es gab Millionen Jahre lange Zeiträume, in denen das Klima heißer und trockener war, andere waren kälter und feuchter. Die Tiere und Pflanzen passten sich im Lauf der Jahrhunderte den sich langsam ändernden Umweltbedingungen an: Ihr Fell wurde dichter bei kühler werdenden Temperaturen oder ihre Zähne wurden härter, wenn es statt weicher Blätter nur noch harte Graskost zu fressen gab. So entstanden neue Arten. Tiere und Pflanzen, die sich nicht anpassen konnten, starben aus. Diesen allmählichen Vorgang der Entwicklung nennt man Evolution. Wie sich beispielsweise die Pferde im Lauf der Erdneuzeit veränderten, könnt ihr auf den Seiten 48 und 49 nachlesen.

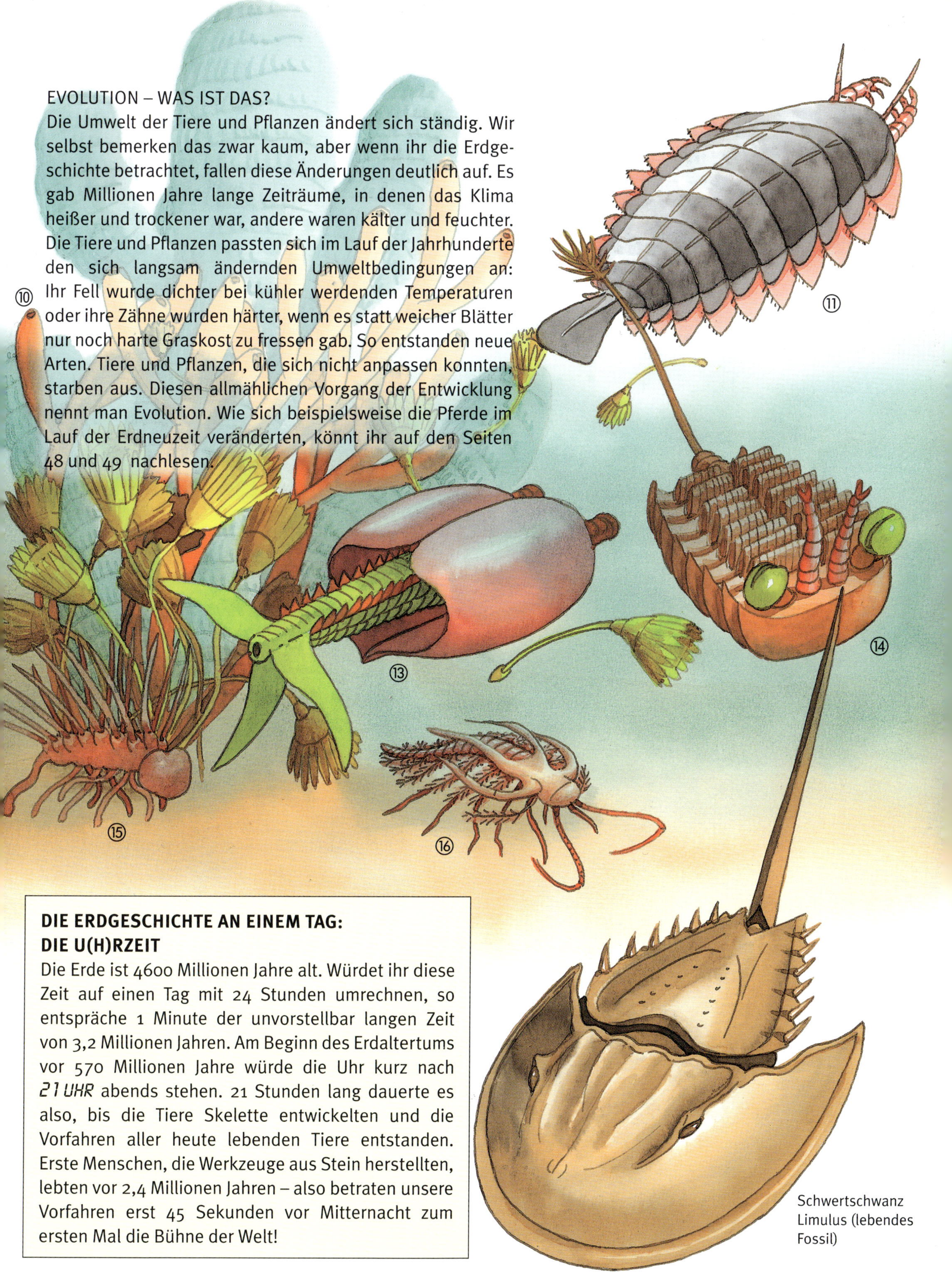

Schwertschwanz Limulus (lebendes Fossil)

DIE ERDGESCHICHTE AN EINEM TAG: DIE U(H)RZEIT

Die Erde ist 4600 Millionen Jahre alt. Würdet ihr diese Zeit auf einen Tag mit 24 Stunden umrechnen, so entspräche 1 Minute der unvorstellbar langen Zeit von 3,2 Millionen Jahren. Am Beginn des Erdaltertums vor 570 Millionen Jahre würde die Uhr kurz nach 21 UHR abends stehen. 21 Stunden lang dauerte es also, bis die Tiere Skelette entwickelten und die Vorfahren aller heute lebenden Tiere entstanden. Erste Menschen, die Werkzeuge aus Stein herstellten, lebten vor 2,4 Millionen Jahren – also betraten unsere Vorfahren erst 45 Sekunden vor Mitternacht zum ersten Mal die Bühne der Welt!

FOSSILIEN – LEBENDIGE STEINE

Natürlich sind Steine nicht lebendig. Aber in einigen von ihnen sind die Abdrücke und Skelette von früheren Pflanzen und Tieren enthalten. Diese heißen Fossilien. Früher hielten die Menschen sie für die Reste urzeitlicher Drachen aus Sagen und Mythen, heute erforschen Paläontologen die versteinerten Reste ausgestorbener Tiere und Pflanzen und erfahren viel über längst vergangene Lebenswelten, die von der heutigen sehr verschieden waren.

Fischsaurier Ichthyosaurus

Von manchen ausgestorbenen Tieren wurden sogar Überreste versteinert, die normalerweise nicht erhalten bleiben: Das können Haare, Federn, Körperumrisse und Mageninhalte sein. Durch diese Funde erfahren die Forscher nicht nur, wie die urzeitlichen Tiere aussahen, sondern auch, wovon sie sich ernährt und wie sie sich fortbewegt haben.

VERSTEINERTE RESTE ERZÄHLEN VON DER GESCHICHTE DER ERDE

Das Wort »fossil« stammt aus dem Lateinischen und bedeutet »ausgegraben«. Meist werden Knochen und Zähne, Schädel, Gehäuse und Schalen gefunden. Doch auch andere versteinerte Reste wie Kriech- und Fußspuren zeigen, wie Dinosaurier gelaufen sind, Kothaufen verraten etwas über den Speisezettel ihrer Erzeuger und in Eiern können versteinerte Embryonen liegen. Fossile Baumstümpfe, Blattabdrücke und Blütenpollen lassen die Pflanzenwelt von damals neu erstehen und sagen so etwas über das Klima früherer Zeiten aus.

FOSSILIEN IN SEEN UND MEEREN

Meist werden tote Tiere von anderen Tieren aufgefressen und von Bakterien zersetzt. Um überhaupt ein Fossil zu werden, muss der tote Körper vor seinem endgültigen Zerfall von Sand oder Schlamm bedeckt werden. Das geschieht zum Beispiel in großen Seen und Meeren. Die allermeisten Fossilienfunde stammen von Meeresbewohnern: Muscheln, Schnecken, Tintenfischen, Krebstieren, Seeigeln und Seesternen, Fischsauriern sowie verschiedenen Fischen.

Fossil des Ichthyosaurus

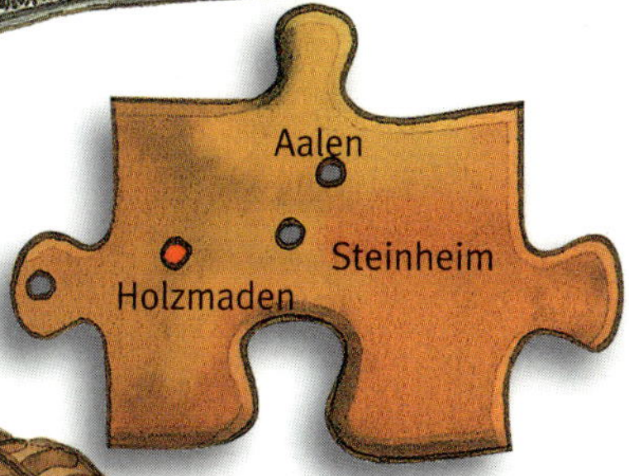

VOM TOTEN TIER ZUM FOSSIL

1. Ein Fischsaurier ist gestorben. Das tote Tier sinkt auf den Meeresgrund.
2. Haut, Muskeln und Organe wurden von Aasfressern und Bakterien entfernt. Nur das Knochenskelett bleibt übrig.
3. Von Jahr zu Jahr deckt ein bisschen mehr Schlamm den Körper zu.
4. Über Millionen von Jahren lagern sich immer mehr Schlammschichten übereinander. Das Wasser wird herausgepresst und eindringende gelöste Mineralien lassen die Knochen versteinern. Durch den immer größer werdenden Druck entsteht eine massive Gesteinsschicht.
5. Millionen Jahre später hebt sich die Erdkruste und das Gestein wird zu trockenem Festland.
6. Verwitterung und Abtragung legen das Fossil frei. Diesen Fischsaurier entdecken Spaziergänger in Holzmaden. Forscher leiten eine wissenschaftliche Grabung ein, um ihn zu bergen.

Versteinerter Ammonit

Nautilus, ein Verwandter der Ammoniten, der noch heute in den tropischen Meeren lebt.

DIE FUNDSTÄTTEN DER FOSSILIEN

Nun möchtet ihr vielleicht selber auf Fossiliensuche gehen und wandert mit einem Hammer gerüstet zum nächsten Steinbruch. Doch meist findet ihr dort nichts. Denn Fossilien gibt es nur in ganz bestimmten Gesteinen. Und die allermeisten Tiere, die starben, werden nicht als Fossil erhalten, sondern verwesen.

VON LANDTIEREN UND DEM URVOGEL

Weil fast nur in Seen und Meeren Fossilien erhalten bleiben können, finden sich in den Gesteinen nur wenig Reste von Tieren, die an Land lebten. Sie konnten nur erhalten werden, wenn sie zum Beispiel ertranken oder als tote Tiere in einen See gespült wurden. Von anderen wissen wir nur durch (un)glückliche Zufälle – wie zum Beispiel vom Urvogel Archaeopteryx: Die Urvögel lebten vor 150 Millionen Jahren vermutlich auf dem Festland; deshalb war es wenig wahrscheinlich, dass es von ihnen Fossilien geben würde. Dennoch fanden die Paläontologen sieben versteinerte Skelette in den Meereskalken von Solnhofen. Wie sind die wohl dahin gekommen? Die Forscher vermuten, dass sich einzelne Archaeopteryxe an die Küste des Jurameeres verirrt hatten. Dort gerieten die Urvögel dann vielleicht in einen tödlichen tropischen Sturm oder kam auf andere Art und Weise ums Leben. Glücklicherweise – denn sonst wüssten wir bis heute nicht, dass es schon in der späten Jurazeit erste Vögel mit Federn gab!

Sicher existierten besonders an Land noch viel mehr urzeitliche Tiere, die wir aber niemals kennen lernen werden.

SO SAH ES FRÜHER AUF DER ERDE AUS

Heute gibt es auf der Erde unzählige verschiedene Lebensräume, in denen jeweils ganz bestimmte Tiere und Pflanzen leben: Wüste, tropischer Regenwald oder der deutsche Laubwald sind Beispiele dafür. Solche verschiedenen Lebensräume, deren urzeitliche Tier- und Pflanzenwelt von der heutigen natürlich verschieden war, gab es schon immer. Die Reste mancher urzeitlichen Lebensräume sind in den Fundstätten, die du auf der Karte ganz hinten im Buch sehen kannst, erhalten geblieben. Aussagen darüber finden Paläontologen nicht nur durch die Fossilien, sondern auch in der Struktur, Färbung und Schichtung der Gesteine: Dunkler Schiefer entstand aus fauligem Schlamm am Grund tiefer Seen und Meeresbecken, Kalkmassive waren einst tropische Korallenriffe, und Steinkohle entstand aus verrotteten Pflanzenresten flacher Gewässer.

Links: Fossil einer Seelilie;
Mitte: Ammoniten;
rechts: Archeopteryx-Fossil aus Solnhofen.

DAS ALTER DER FOSSILIEN

Fossilien sind so alt wie das Gestein, das sie umgibt. Viele Gesteine enthalten Radio-Isotope. Das sind radioaktive Atome, die in einer bestimmten Zeit zu anderen Elementen zerfallen. Kalium zum Beispiel zerfällt zu Argon. Damit du dir das vorstellen kannst, denk dir einen Spielplatz aus. Du weißt, dass dort um 15 Uhr 100 Kinder waren. Aufgrund einer festen Regel verlassen alle 10 Minuten zwei Kinder den Platz. Die Anzahl der verbliebenen Kinder kann man nun als eine Art Uhr benutzen, mit der man jeden Zeitpunkt in der Vergangenheit bestimmen kann.

AUSGRABUNG

Willst du mal ausprobieren, wie schwierig es ist, Fossilien aus hartem Gestein zu befreien? Dann schlage einen Karton mit Folie aus, fülle flüssigen Gips hinein und versenke kleine Plastikfiguren, Muschelschalen oder bunte Steine darin. Wenn der Gips dann trocken ist, wirst du zum Ausgräber und befreist die Schätze vorsichtig mit Hammer, Beitel und Pinsel. Trage eine Schutzbrille! Wenn du den Gips leicht anfeuchtest, staubt es nicht so sehr.
In manchen Fundstätten kannst du auch selbst mit Hammer und Meißel auf Ausgrabung gehen. Trage dabei zu deinem eigenen Schutz eine Schutzbrille, Helm und Arbeitshandschuhe.

DIE DETEKTIVARBEIT DER WISSENSCHAFTLER

Ein mit Nummern versehener Knochenberg liegt auf dem Arbeitstisch des Paläontologen. Die versteinerten Knochen sind gerade von der Fundstätte eingetroffen, wo Grabungstechniker sie aus den Gesteinsschichten geborgen haben. Nun wartet eine zeitraubende Kleinarbeit auf den Paläontologen.

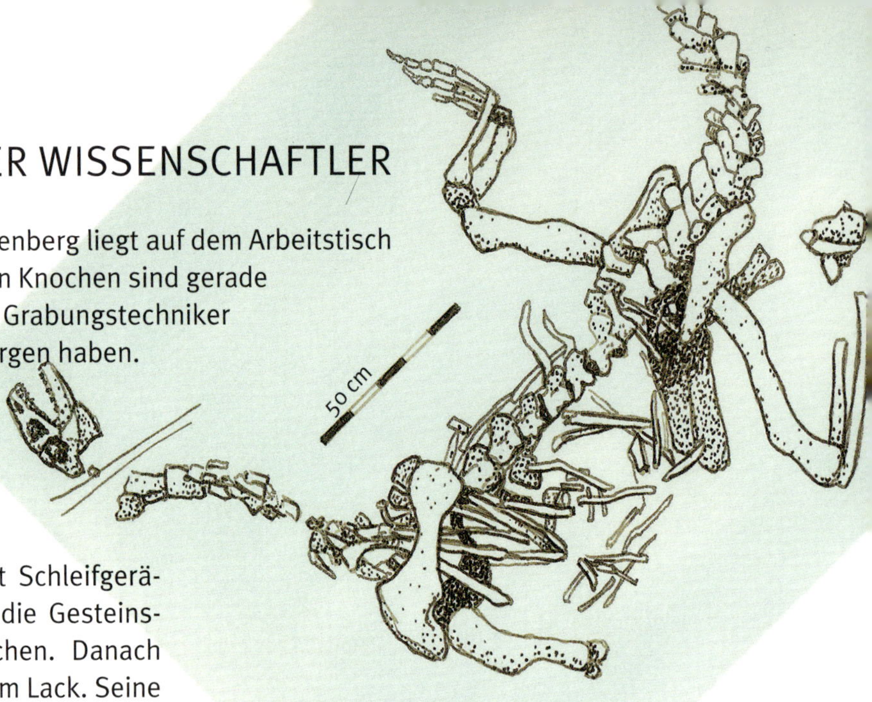

Plateosaurus-Fossil

DAS KNOCHENPUZZLE

Zunächst entfernt er vorsichtig mit Schleifgeräten, Nadeln und feinsten Bohrern die Gesteinsreste von den versteinerten Knochen. Danach konserviert er die Fossilien mit einem Lack. Seine nächste Arbeit, das Zusammenfügen der Einzelteile zu einem Skelett, entspricht ungefähr dieser Aufgabe: Wie sah der Igel aus, bevor er von einem Auto überfahren wurde? Der Paläontologe muss wie ein Detektiv viele Knochen und kleinste Knöchelchen richtig zuordnen und zusammensetzen: Beim Plateosaurus sind das mehr als 360 Stück! Fehlende oder zerstörte Knochenteile bildet er aus Gips oder Kunststoff nach.

FOSSILIEN ZUM LEBEN ERWECKEN

Mühsam wertet der Paläontologe Einzelheiten am Knochen aus: Ansatzstellen der Muskulatur sagen etwas über die Art der Fortbewegung aus, Größe und Anordnung von Öffnungen im Schädel geben Hinweise auf die Größe der Augen, der Nasenlöcher, des Gehirns und der Kaumuskeln. Durch Vergleiche mit lebenden Tieren rekonstruiert er Körperanhänge und die Haut. Computersimulationen helfen ihm bei der Arbeit: So zeigten sie, dass zum Beispiel der Schwanz von großen Dinosauriern wie dem Tyrannosaurus rex nicht stützend am Boden schleifte, sondern als Gewichtsausgleich zum riesigen Kopf waagrecht in Rückenhöhe gehalten wurde.

Bei der Rekonstruktion werden auch Fehler gemacht: Lange Zeit glaubte man, auf der Nase des Iguanodon-Dinosauriers habe sich ein Horn befunden. Heute weiß man, dass dieses Horn die große und kräftige Daumenkralle des Iguanodon ist. Auch in Zukunft wird es durch weitere Funde von Fossilien und neue wissenschaftliche Präparationsmethoden und Simulationstechniken bestimmt immer wieder Überraschungen über das Aussehen und Leben der urzeitlichen Tiere geben.

WAS WISSENSCHAFTLER ÜBER DAS PLATEOSAURUS-SKELETT HERAUSGEFUNDEN HABEN:

1. Die Form der Zähne und des Kiefergelenks geben Hinweise, ob sich das Tier von Fleisch oder Pflanzen ernährt hat. Plateosaurus war – zumindest als Erwachsener – ein Vegetarier.
2. Durch den langen Hals konnte Plateosaurus wie eine Giraffe Blätter und Früchte in hohen Bäumen erreichen.
3. Der Daumen trägt eine scharfe Kralle: Vielleicht verteidigte er sich mit ihr oder er zog damit Äste zu seinem Mund um sie abzuweiden.
4. Er brauchte riesige Mengen an Pflanzenkost: Sein tonnenförmiger Rippenkorb, der bei Kriechtieren bis zum Becken reichen kann, spricht für einen großen Magen-Darm-Trakt.
5. Da seine Hinterbeine viel kräftiger sind als die Arme, konnte er sich auch zweibeinig fortbewegen.
6. Vermutlich stützte sich Plateosaurus auf seinen Schwanz, wenn er sich zum Fressen auf die Hinterbeine stellte.
7. Die Gelenke der Dinosaurier und fast aller anderen Kriechtiere verknöchern nicht, sondern bleiben zeitlebens knorpelig. Sie verwesen schnell nach dem Tod und bleiben nicht erhalten. Forscher können deshalb nicht erkennen, wie sich die Gelenke beim lebenden Tier bewegt haben. Deshalb wissen sie zum Beispiel nicht genau, ob der Plateosaurus auf vier Füßen ging oder aufrecht auf zwei.

Gleich vier Plateosaurus-Skelette, die in Trossingen gefunden wurden, kannst du im Naturkundemuseum am Löwentor in Stuttgart sehen. Willst du wissen, wie ein Plateosaurus lebend aussah? Dann blättere auf Seite 32/33.

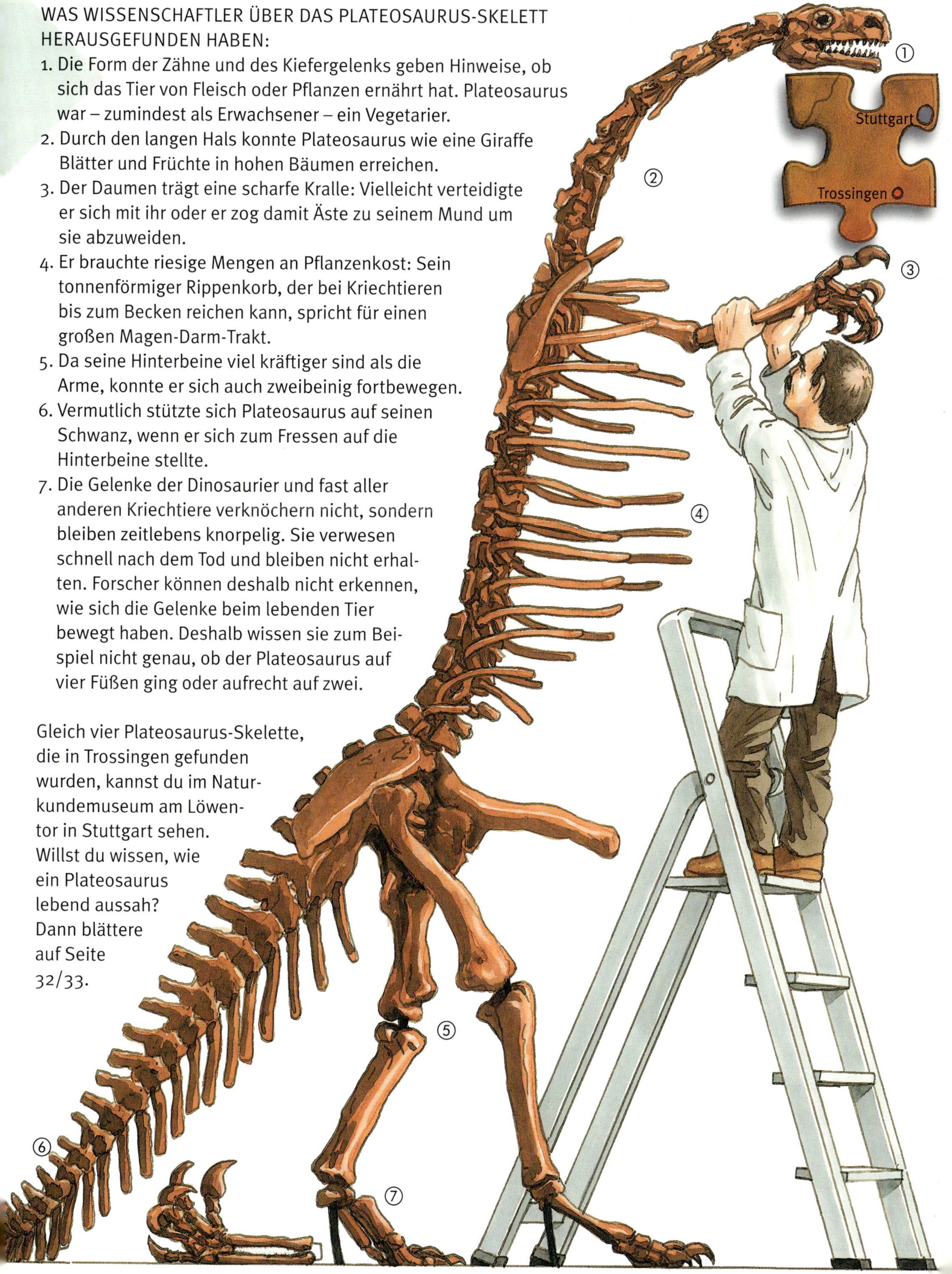

Oviraptoren waren etwa 2 m lange Dinosaurier, die wie flugunfähige Vögel auf ihren Hinterbeinen liefen. Mit ihren 8 cm langen scharfen Krallen an den dreifingerigen Händen ergriffen sie keine Eier wie früher vermutet, sondern sammelten damit ihre Nahrung. Eierdiebe gab es damals aber tatsächlich: die lebhaften, auf ihren Hinterbeinen laufenden Raubdinosaurier der Art Velociraptor. So fanden Forscher in der Wüste Gobi die versteinerten Skelette zweier ineinander verbissener Dinosaurier, die wohl damals im Kampf ihren Verletzungen erlagen. Vermutlich überraschte der Protoceratops einen Velociraptor beim Eierklauen. Er attackierte den kleinen Räuber mit seinem spitzen Hakenschnabel und zerbiss dessen Vorderbein. Ihm selbst wurde dabei die Halsschlagader zerrissen, was Forscher aus der Lage der dolchförmigen Fußkralle des Gegners an seiner Halswirbelsäule schließen.

ALS DIE WISSENSCHAFTLER EIN EI AUFSCHLUGEN ...

Die vermeintlichen Protoceratops-Eier, die die Forschergruppe 1923 in der Wüste Gobi fanden, wurden 1993 mit neuen wissenschaftlichen Methoden untersucht. Und das Staunen war groß: Denn in dem Ei war kein Embryo von einem Horndinosaurier, sondern von einem jungen Oviraptor!

Nun musste die Geschichte vom Eierdieb neu geschrieben werden. Denn der Oviraptor hatte offensichtlich keine fremden Eier geraubt, wie man bis dahin annahm, sondern seine eigenen ausgebrütet. Vorsichtig grub das Muttertier wohl die frisch gelegten Eier in den warmen Sand und bebrütete sie wie heutige Vögel. Vielleicht hatten diese Dinosaurier ja sogar ein isolierendes Flaum- oder Federkleid und konnten ihre Körpertemperatur damit gleichmäßig warm halten. Vielleicht spendete unsere Sauriermutter in der glühenden Mittagshitze mit ihren ausgebreiteten Armen ihren Eiern kühlenden Schatten. Doch das Schicksal nahm seinen Lauf: Wie in allen Wüsten, so gab es auch schon vor 70 Millionen Jahren immer wieder verheerende Sandstürme. Und in solch einem Sturm kam die Mutter, während sie ihre Eier beschützte, vermutlich ums Leben.

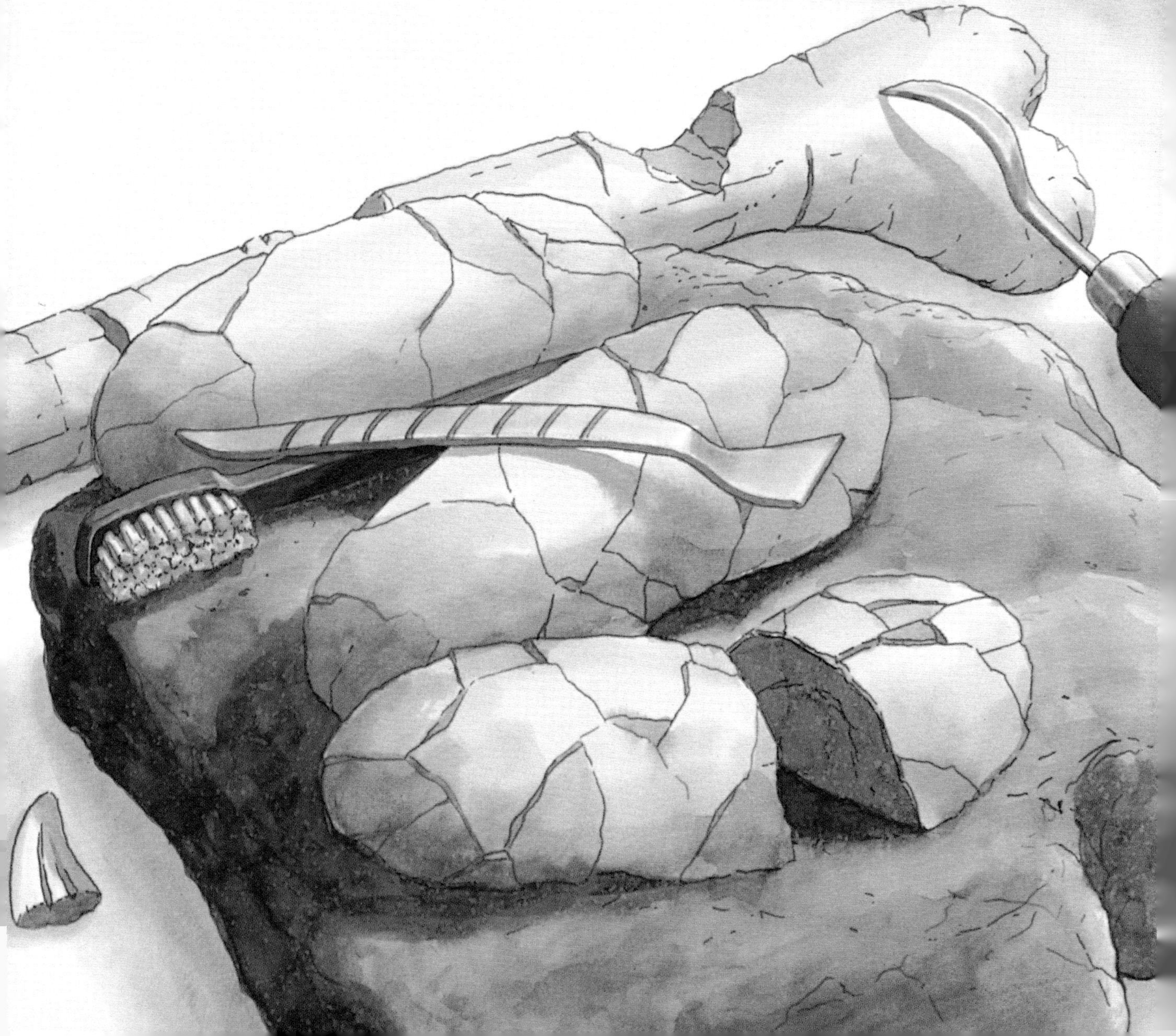

DAS GRAB IN DER WÜSTE GOBI

1923 reiste die Forschergruppe eines bekannten amerikanischen Naturkundemuseums nach Innerasien. Dort in der Wüste Gobi wollten sie nach Fossilien der frühesten Menschen suchen. Sie fanden keine. Aber sie entdeckten dort viele Fossilien von Dinosauriern, die vor etwa 70 Millionen Jahren in der Kreidezeit lebten. Die häufigsten Dinosaurierknochen stammten von Protoceratops, einem etwa 2,5 m langen Hornsaurier. Mit seiner knöchernen Halskrause und dem Papageienschnabel ähnelt er dem verwandten Triceratops aus der gleichen Tiergruppe der Ceratopsier. (So heißen die Horndinosaurier mit ihrem wissenschaftlichen Namen.) Da der Körperbau von Protoceratops dem heutiger Schweine ähnlich ist, vermuten die Paläontologen, dass sie auch wie Schweine lebten: Sie wühlten und scharrten wohl auf der Suche nach Wurzeln und Knollen im Boden, konnten aber mit ihrem scharfen Schnabel auch härtere Kost zu sich nehmen.

Außerdem fanden die Forscher damals in der Wüste zahlreiche Nester mit Dinosauriereiern. Wie heutige Echsen legten die Dinosaurier Eier, allerdings viel größere. Bis zu 18 wurstförmige, etwa 20 cm lange Eier lagen in solch einem Nest. Ihre Schale war nur wenige Millimeter dick – das war auch nötig, damit die in den Eiern wachsenden Jungen durch die dünne Hülle genügend Sauerstoff für ihre Entwicklung bekamen. Bis vor wenigen Jahren glaubten die Paläontologen, dass diese Gelege auch von dem Horndinosaurier Protoceratops stammten. Auf einem der Gelege lag das Skelett eines kleineren Dinosauriers, der offensichtlich beim Klauen von Protoceratops-Eiern gestorben war. Es bekam den Namen Oviraptor philoceratops. Das bedeutet »Ceratopsier liebender Eierdieb« – und die Geschichte vom Eiräuber war geboren.

Fossil des Oviraptor

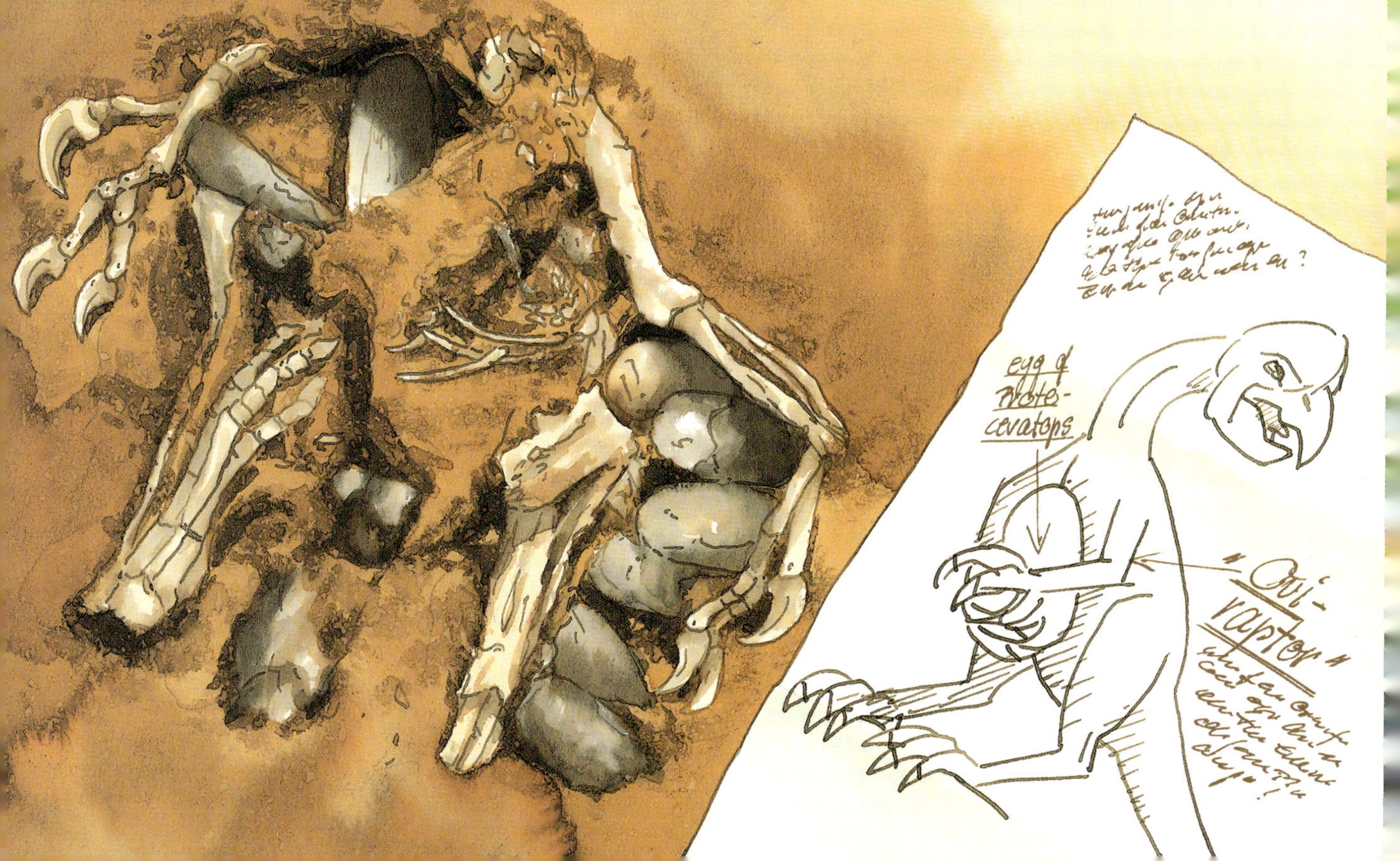

Die Arbeit der Forscher hilft uns dabei, uns ein Bild vom Leben der Dinosaurier zu machen. So ganz sicher wissen wir aber nicht, wie etwa der Oviraptor genau ausgesehen hat. Daher stellt sich der Illustrator dieses Buches den Oviraptor so ähnlich wie den Helmkasuar vor, der heute in Neu-Guinea lebt: mit haarigem Federkleid und bunten Hautlappen am Hals. Ein graubraunes Federkleid wie beim südamerikanischen Nandu wäre vielleicht auch passend gewesen – ganz sicher aber kein Stachelkleid oder Tigerfell.

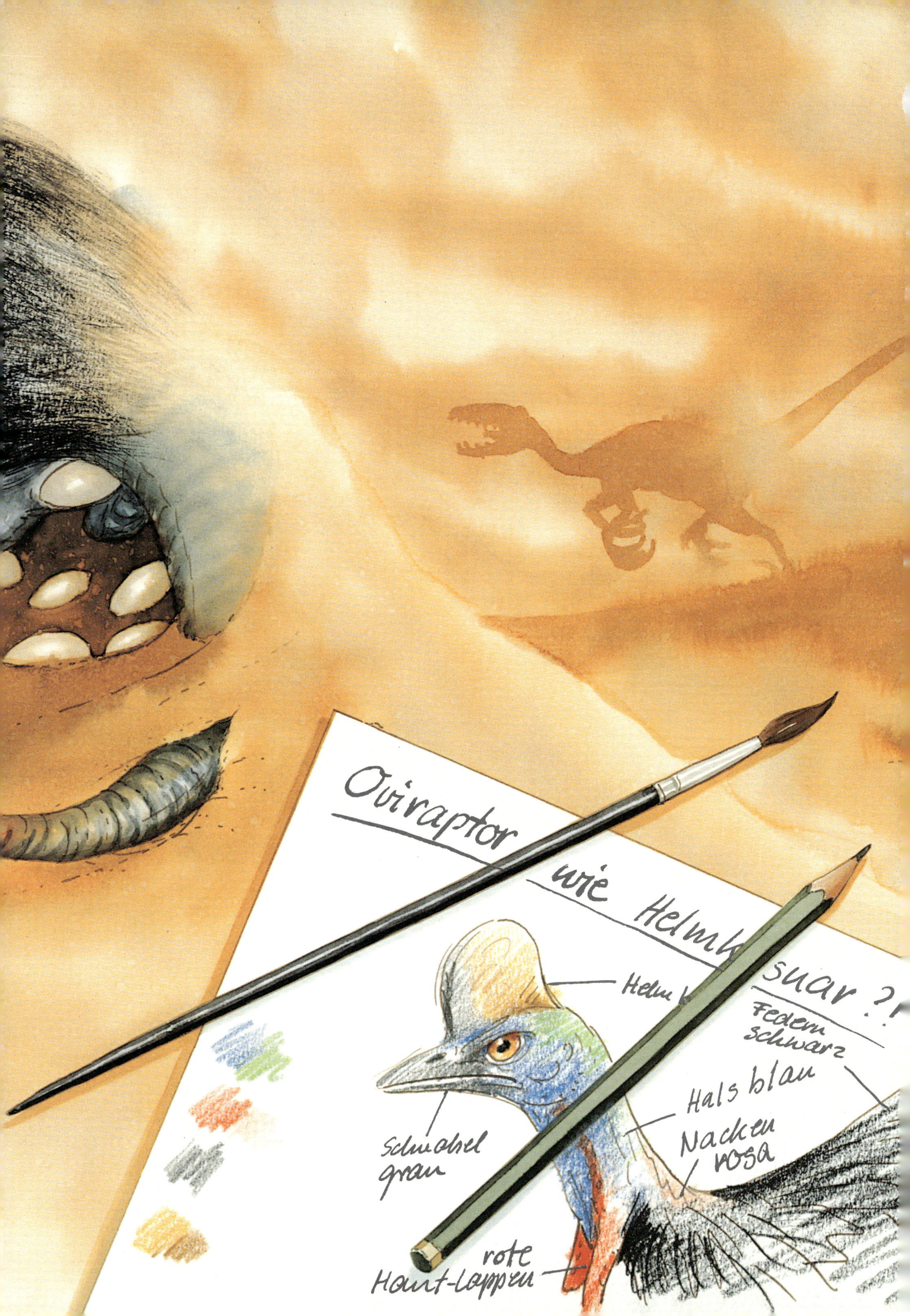

Oviraptor
wie Helmk
suar ?!
Helm
Federn schwarz
Hals blau
Nacken rosa
Schnabel grau
rote Haut-Lappen

ERDALTERTUM: DAS ZEITALTER DER FISCHE UND LURCHE

Das Erdaltertum begann vor 570 Millionen Jahren (siehe Zeittafel vorne im Buch). Zunächst lebten Pflanzen und Tiere nur im Meer, das Festland war noch öde und leer. Im Devon vor 390 Millionen Jahren begrünten einfache Pflanzen das öde Festland und erste Tiere verließen das Wasser.
An der Küste des Old-Red-Kontinents wogte das tropische Hunsrückschiefermeer, in dem sich unzählige Fische tummelten. Hier im warmen Wasser entwickelten sie eine enorme Vielfalt: Einige ähnelten heutigen Arten, die meisten sahen aber ganz anders aus.

21:58 UHR

DAS TROPISCHE HUNSRÜCKSCHIEFERMEER

Seit dem Mittelalter decken die Menschen in Bundenbach im Rheinischen Schiefergebirge (siehe Karte hinten im Buch) ihre Dächer mit den dunklen Schiefern eines nahe gelegenen Steinbruchs. Den »Figuren« auf den Platten schenkten sie keine Bedeutung. Erst vor 140 Jahren nahmen Wissenschaftler die versteinerten Reste von urzeitlichen Fischen, Krebsen und Seelilien wahr und begannen die Geschichte dieses ehemals tropischen Meeres zu erforschen.

ÜPPIGES LEBEN IM WARMEN WASSER

Die Fluten des Hunsrückschiefermeeres waren voller Leben. Zwischen strauchartigen Seelilien, Korallen und Algen gingen urtümliche Schlangensterne, Pfeilschwanzkrebse, Asselspinnen und Trilobiten am Boden auf Nahrungssuche. Die bis zu 70 cm langen Trilobiten waren urweltliche Krebsverwandte und trugen als Erste im Tierreich kompliziert gebaute Augen.

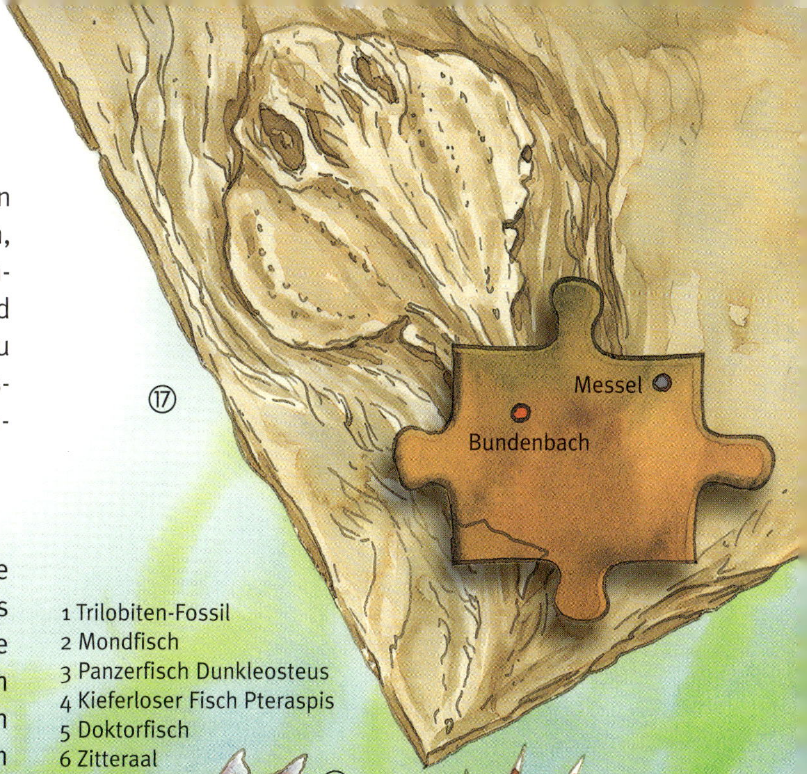

KIEFERLOSE FISCHE ...

Die ältesten Fische besaßen noch keine Kiefer, wie versteinerte Reste des 30 cm langen Drepanaspis zeigen. Mit seinem abgeflachten Körper wühlte er im Bodenschlamm nach kleinsten Resten von Tieren und Pflanzen, die er mit seinem runden Maul einsog. Ein Knochenpanzer schützte ihn wie alle urzeitlichen Kieferlosen vor räuberischen Stachelhaien und Panzerfischen. Heute leben immer noch kieferlose Fische auf der Erde – es sind die Neunaugen der Bäche, Flüsse und Meere.

1 Trilobiten-Fossil
2 Mondfisch
3 Panzerfisch Dunkleosteus
4 Kieferloser Fisch Pteraspis
5 Doktorfisch
6 Zitteraal

7 Seelilien-Fossil
8 Kieferloser Fisch Hemicyclaspis
9 Kieferloser Fisch Drepanaspis
10 Trilobit
11 Urhai Cladoselache
12 Panzerfisch Gemuendina
13 Scholle
14 Kieferloser Fisch Astraspis
15 Rotfeuerfisch
16 Neon
17 Gemuendina-Fossil

... UND PANZERFISCHE

Mit ihren kräftigen scharfkantigen Kiefern konnten die Panzerfische größere Beutetiere schnappen und verschlingen. Ihren Namen bekamen diese Fische wegen ihrer massiven Kopfpanzer. Sie wurden bis zu 2,5 m lang. Gemuendina und andere Arten ähnelten einem Rochen und schwammen knapp über dem Meeresgrund. 30 Millionen Jahre später wird diese altertümliche Fischgruppe aussterben, verdrängt von den erfolgreicheren Knochenfischen, die auch unsere heutigen Gewässer bewohnen.

QUIZFRAGE:

Könnt ihr raten, welche der hier gezeigten Meerestiere heute ausgestorben sind?

Heute ausgestorbene Tiere aus urzeitlichen Meeren sind Nr. 1, 3, 4, 8, 9, 10 ,11, 12, 14, 17.

DIE ERSTEN SCHRITTE AN LAND

Vor 410 Millionen Jahren gab es keine Pflanzen und Tiere auf den verschiedenen Kontinenten. Dann eroberten einfach gebaute Pflanzen, die noch im Wasser wurzelten, das Land. Außerhalb des tragenden Wassers entwickelten sie feste Stützgewebe und Leitungsröhren für den Nährstofftransport. So wurden aus mickrigen Urpflänzchen bald krautartige Ur-Farne, die auf dem Land wurzelten und deren Reste in den Gesteinen erhalten sind. Später erschienen die ersten echten Farne, Schachtelhalme, Bärlappe und Schuppenbäume. Nun gab es pflanzliche Nahrung auf dem Land und erste Tausendfüßer verließen das Wasser. Ihnen folgten Fleischfresser wie Urskorpione, Urspinnen und – die ersten Ur-Lurche.

22:05 UHR

LANDGANG DER LURCHE

Am Äquator existierte vor 370 Millionen Jahren der Old-Red-Kontinent, auf deutsch der »alte rote Kontinent«. Dort wechselten sich Regen- und Trockenzeiten ab wie im heutigen Afrika. Kleinere Tümpel und Seen der sumpfigen Tropenwälder trockneten immer wieder aus. Die Tiere dieser Gewässer konnten dann nur überleben, wenn sie sich eingruben oder versuchten, über Land den nächstgelegenen, nicht ausgetrockneten See zu erreichen. Und das taten sie auch: Fische aus der Gruppe der Quastenflosser verließen als erste Wirbeltiere das Wasser. Ichthyostega – so hieß der erste Ur-Lurch – wuchtete sich mit seinen kräftigen Vorderflossen vermutlich wie ein Seelöwe über Land.

Wie die heutigen Frösche, Molche und Kröten war der Ur-Lurch auf die Nähe eines Gewässers angewiesen. Nur in ihm konnte er seine Eier ablegen.

Nachdem der erste Ur-Lurch das Land erobert hatte, entwickelten sich bald weitere Lurche, die – verglichen mit den heutigen Lurchen – bei Körperlängen von bis zu 2 m riesig wurden. Neben den Fischen in den Meeren waren sie die uneingeschränkten Herrscher des Erdaltertums.

LEBENDE FOSSILIEN: LATIMERIA

1938 schlug diese Nachricht ein wie eine Bombe: Im Indischen Ozean hatten Fischer einen lebenden Quastenflosser in ihrem Netz gefangen! Bis dahin galt diese Fischgruppe als seit etwa 70 Millionen Jahren ausgestorben. Heute wissen wir, dass in den tiefen Küstengewässern vor Indonesien und den Komoren-Inseln noch solche altertümlichen Latimeria-Fische leben.

IN DEN SUMPFIGEN KARBON-URWÄLDERN

Karbon – der Name dieser Epoche erinnert an die mächtigen Steinkohlelager aus dieser Zeit. Im warmen, feuchten Klima gediehen vor 300 Millionen Jahren üppige Wälder aus riesigen Baumfarnen, Schachtelhalmen und Schuppenbäumen an den sumpfigen Meeresküsten. Hier entstanden die ersten geflügelten Insekten, und Riesen-Lurche beherrschten den stillen Wald.

22:26 UHR

RIESIGE BÄUME SPENDEN LICHTEN SCHATTEN

Eichen, Buchen und Tannen gab es im Karbon-Urwald noch nicht. Die größten Pflanzen waren über 30 m hohe urtümliche Bärlapp- und Cordaitenbäume. Zwischen diesen Baumriesen wuchsen 15 m hohe Baumfarne und Schachtelhalme. Betrachtet man deren heutige krautartigen Verwandten, kann man sich nur schwer vorstellen, dass die Vorfahren dieser Pflanzen so hoch wie zehnstöckige Häuser waren. Licht durchflutete den Wald, denn diese frühen Bäume trugen nur wenige Blätter. Der Boden war von Laub bedeckt und Wasser überschwemmte regelmäßig die Wurzeln.

DAS REICH DER INSEKTEN ...

Die Insekten, Geißelskorpione und bis zu 2 m langen Tausendfüßer fühlten sich hier im schwül-warmen Klima wohl. Insekten standen am Anfang ihrer erfolgreichen Entwicklung. Große Ur-Schaben und Vorfahren der Heuschrecken gingen am Waldboden auf Nahrungssuche. Libellen ähnliche Insekten waren die ersten Tiere, die den Luftraum eroberten. Ihre fossil erhaltenen Flügel zeigen einfach gebaute Gelenke, die sie zu recht plumpen Fliegern machte. Im Karbonwald lebte auch das größte Insekt der Erdgeschichte: Die Meganeura-Libelle mit bis zu 75 cm Flügelspannweite. Am Ende des Karbons vor 280 Millionen Jahren gab es schon mehrere Tausend Insektenarten. Heute leben weltweit mindestens eine Million verschiedene Käfer, Falter und Co.

... UND DER RIESEN-LURCHE

Von dem reichen Angebot an Insekten und Skorpionen profitierten die Lurche. Kein anderes Tier machte ihnen die Nahrung streitig, denn Vögel oder Säugetiere gab es noch nicht. Die meisten dieser frühen Lurche ähnelten Salamandern oder Molchen. Einer von ihnen war der rund 2 m lange Eryops. Halb unter Wasser versteckt lauerte der knapp 5 m lange Lurch Eogyrinus auf seine Beute wie heute die Krokodile. Scharfe Zähne blitzten zwischen den Kiefern seines Schädels. Eogyrinus-Schädel sind in den Kohleschichten als Fossilien erhalten geblieben. Kleinere Lurche, darunter auch der 70 cm lange Schlangen ähnliche Ophiderpeton, jagten am Boden.

AUS DEN KARBON-WÄLDERN ENTSTEHT STEINKOHLE

Im Ruhrgebiet wird Steinkohle in großen Mengen abgebaut. Steinkohle entstand über sehr lange Zeiträume aus den Bäumen, die im Karbonwald wuchsen. Das vollzog sich so: Trotz gewaltiger Stammdurchmesser knickten die Bäume im Karbonwald leicht um, da sie innen weich waren. Sie landeten im Sumpfmoor, sogen sich voll mit Wasser und wurden zu Torf. Immer wieder lagerten sich über die abgestorbenen Pflanzen im Torf feine Sand- und Tonschichten, die sich immer mehr verfestigten. Über Millionen von Jahren sanken die Sumpfmoore unter der Last der überlagernden Schichten ab. Weil keine Luft mehr an diese Schichten gelangte und der Druck immer größer wurde, entstand aus Torf zunächst Braunkohle, bei noch höherem Druck in größerer Tiefe Steinkohle.Im Ruhrgebiet haben sich so bis zu 5000 m mächtige kohlehaltige Schichten gebildet, die über einen Zeitraum von 40 Millionen Jahren abgelagert wurden.

ERDMITTELALTER: IM KÖNIGREICH DER KRIECHTIERE

Ein Meteorit vernichtete am Ende des Erdaltertums vor 250 Millionen Jahren fast alle Lebewesen. Aus den wenigen Überlebenden dieser Katastrophe entwickelten sich während der ersten 20 Millionen Jahre des Erdmittelalters neue Tierarten (siehe Zeittafel vorne im Buch). Bald beherrschten die Saurier alle Lebensräume am Boden, im Wasser und in der Luft.

ERSTE KRIECHTIERE SCHON IM ERDALTERTUM

Schon vor 300 Millionen Jahren im Perm, als riesige Ur-Lurche die sumpfigen Karbonwälder beherrschten, lebten die ersten Kriechtiere. Manche sahen wie Molche aus und waren recht klein, andere, wie der klobige Dimetrodon, mit seinem großen Rückensegel wurden 3 m lang. Aus diesen Ur-Kriechtieren entwickelten sich während der nächsten 80 Millionen Jahre die verschiedenartigsten Saurier, weitere Millionen Jahre später aber auch die ersten Säugetiere und Vögel.

KRIECHTIERE EROBERN ALLE LEBENSRÄUME

Lurche müssen wegen ihrer feuchten Haut und zur Ablage ihrer gallertigen Eier in Gewässernähe leben. Den beschuppten Kriechtieren stehen auch trockene Landstriche offen – selbst zum Legen ihrer Eier brauchen sie keine Gewässer. So konnten sie bald alle Lebensräume auf der Erde erobern, wie Funde von versteinerten Kriechtieren beweisen: Pflanzen und Fleisch fressende Dinosaurier beherrschten das Land, Flugsaurier die Luft und Fischsaurier das Wasser.

DINOSAURIER – DIE »SCHRECKLICHEN ECHSEN«

150 Millionen Jahre lang waren sie die uneingeschränkten Herrscher der Erde! Erste Dinosaurier wie Liliensternus und Plateosaurus traten im warmen Klima der Trias vor 220 Millionen Jahren auf. Im Jura (siehe Zeittafel vorne im Buch) jagten bei uns 15 Meter lange, fürchterliche Raubsaurier riesige, dem Brachiosaurus ähnliche Pflanzenfresser, die zwölfmal so viel wie heutige Elefanten wogen. 50 Millionen Jahre später, in der Kreidezeit, besiedelten gigantische Tyrannosaurier und bizarr aussehende Dinosaurier wie Triceratops das Festland. Heute leben immer noch Nachfahren der Dinosaurier um uns herum – die Vögel!

DIE GROSSE KATASTROPHE

Vor 65 Millionen Jahren schlug erneut ein gewaltiger Meteorit auf der Erde ein und zerstörte wiederum die Lebensgrundlage für fast 80 Prozent aller Tier- und Pflanzenarten! Alle Dinosaurier starben aus, und mit ihnen viele andere Tier- und Pflanzenarten.

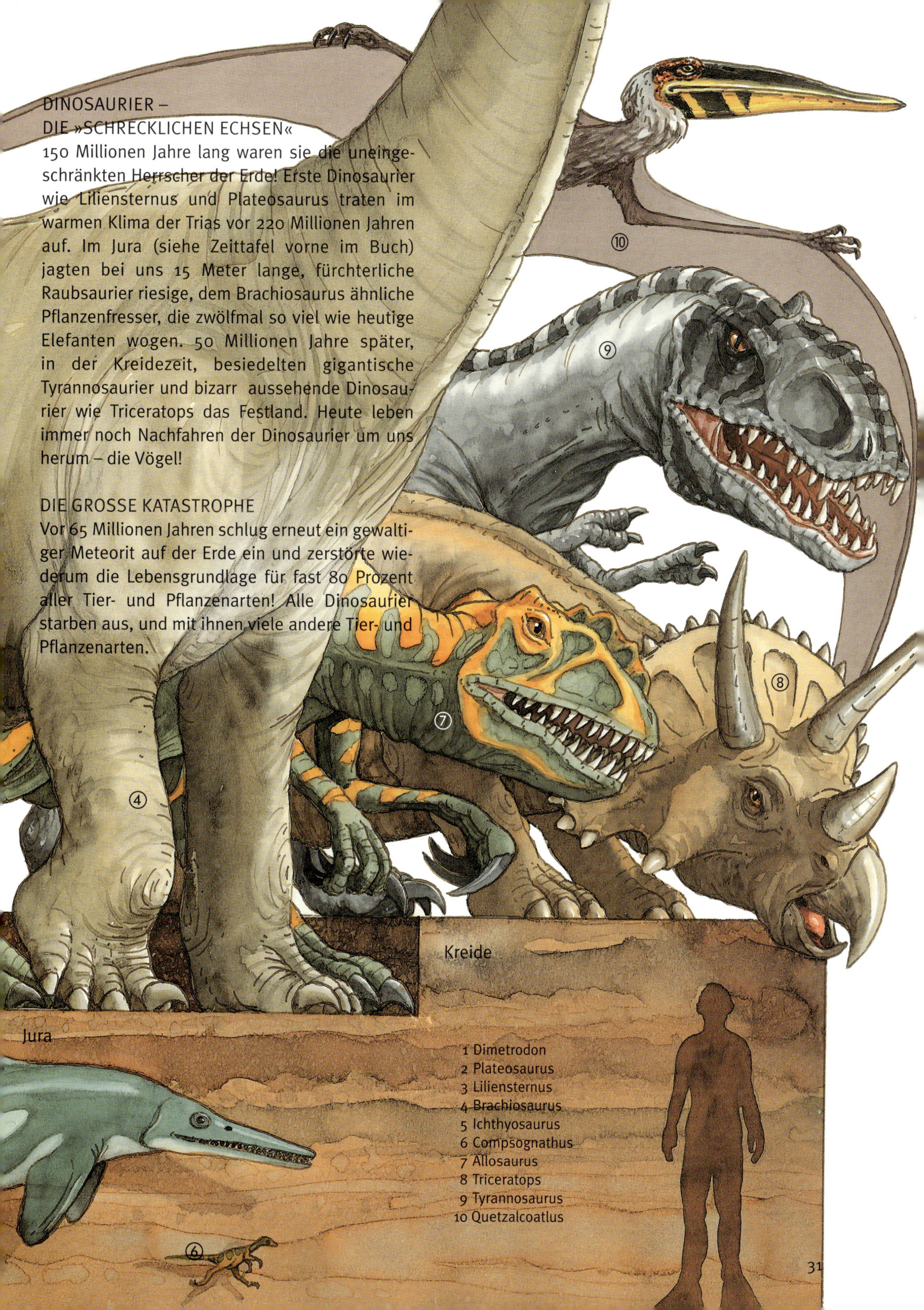

DER DINOSAURIERFRIEDHOF IN TROSSINGEN

Es ist das Jahr 1910: Im Tal des Trosselbaches rutschen wie schon oft Kinder den steilen Bachhang hinunter. Ein zehnjähriger Schüler stößt sich dabei an einem versteinerten Knochen. Zufällig entdeckt er mit diesem Fund den berühmtesten Dinosaurierfriedhof Deutschlands in Trossingen (siehe Karte hinten im Buch).

22:58 UHR

EINE OASE IN DER WÜSTE

Dieser Friedhof entstand vor 200 Millionen Jahren in der Triaszeit. Damals sah es hier ganz anders aus als heute: In einer weiten Wüstenebene lag vermutlich eine kleine Oase mit einer schlammigen Wasserstelle, an der die Plateosaurier auf ihren Wanderungen zu weiter entfernt liegenden Weidegründen rasteten. Die durstigen Saurier wagten sich immer weiter in die austrocknenden Schlammlöcher hinein um an Wasser zu kommen. Manche dieser schweren Pflanzenfresser blieben dabei stecken und konnten sich nicht mehr befreien. Leichtgewichtige Raubsaurier fielen über die hilflosen Tiere her – das beweisen einzelne Zähne, die im Skelett ihrer Beute stecken blieben.

DIE ERSTEN VORFAHREN DER RIESENDINOSAURIER

Im Vergleich mit den später lebenden Dinosauriern der Jura- und Kreidezeit erscheinen die ersten Dinosaurier der Triaszeit recht klein. Der erste wirklich große Dinosaurier der Erdgeschichte war mit bis zu 10 m Länge Plateosaurus – ihr kennt ihn schon von Seite 16/17. Sein Skelett ist heute im Naturkunde-Museum in Stuttgart zu sehen. Dieser über 2 Tonnen schwere Vorfahre der Riesendinosaurier lebte eigentlich in den Hochländern, denn dort gab es genügend Pflanzennahrung für ihn. Meist lief er auf allen vieren. Wenn er sich aufrichtete, konnte er Blätter in den Baumkronen abweiden. Aufgrund von Plateosaurus-Fußspuren im Schlamm von anderen Fundstellen schließen die Paläontologen, dass dieser Dinosaurier in kleinen Herden lebte und die Jungtiere auf ihren Wanderungen beschützt in der Mitte liefen.

LEBENDE FOSSILIEN: DIE BRÜCKENECHSE

Die Brückenechse sieht genauso aus und lebt noch genauso wie vor 200 Millionen Jahren. Damals gab es viele verschiedene Keilzahnsaurier, heute existiert von dieser Saurierfamilie nur noch diese etwa 60 cm lange Echse. Sie bewohnt einige Inseln vor Neuseeland. Wie ihre Vorfahren in der Triaszeit hat die Brückenechse ein urtümliches Gebiss, Bauchrippen wie ein Saurier und ein drittes, mit Haut bedecktes Auge auf der Stirn.

1 Liliensternus
2 Halticosaurus
3 Plateosaurus
4 Brückenechse

DIE ERSTEN RAUBDINOSAURIER

Wie heute wurden auch damals die Pflanzenfresser von Fleischfressern gejagt. Die größten Raubdinosaurier in der Triaszeit waren Halticosaurus und Liliensternus. Diese gefährlichen Räuber mit den kurzen Armen maßen maximal 6 m und wogen bis zu 140 Kilogramm. Mit ihren scharfen, rückwärts gekrümmten Zähnen konnten sie leicht große Fleischbrocken von Beutetieren abreißen. Beide stellten schwächlichen, jungen oder verletzten Sauriern nach oder fielen einfach die hilflos im Schlamm feststeckenden Plateosaurier an.

GEFÄHRLICHE RÄUBER IM JURAMEER

Im Lauf des Juras (s. Zeittafel vorne im Buch) stieg der Meeresspiegel in Europa stark an und überflutete die weiten Wüstenebenen der Triaszeit. Die Hochländer Europas bildeten nun kleine Inseln in diesem seichten Küstenmeer. An Land herrschten die Dinosaurier, in den Ozeanen tummelten sich die Meeressaurier, wie viele Funde im 180 Millionen Jahre alten Posidonienschiefer von Holzmaden bei Stuttgart zeigen.

1 Paddelechse Plesiosaurus
2 Fischsaurier Ichthyosaurus
3 Hai Hybodus
4 Ammonit

23:04 UHR

DIE FISCH- ODER ICHTHYOSAURIER

Die Fischsaurier gebaren ihre Jungen im flachen Küstenmeer. Versteinerte Muttertiere mit Embryonen im Leib bezeugen, dass diese Meeresechsen keine Eier mehr legten. Eigentlich aber lebten die Fischsaurier wie viele heutige Delfine in der Hochsee. Dort jagten diese perfekten Schwimmer mit bis zu 75 Stundenkilometern nach Belemniten und Ammoniten, den Tintenfischen des Erdmittelalters – das zeigen die versteinerten Mageninhalte. Mit ihren riesigen Augen konnten sie ihre Beute bis in größere Meerestiefen verfolgen. Zum Atmen mussten sie regelmässig an die Wasseroberfläche kommen, denn sie waren ja keine Fische. Vor 90 Millionen Jahren verschwanden die Fischsaurier aus den Ozeanen. Damals entwickelten sich die modernen Haie und verdrängten die urtümlichen Saurier.

DIE PADDELECHSEN ODER PLESIOSAURIER

In Holzmaden sind auch die Reste des über 2 m langen Plesiosaurus erhalten. Wie mit Vogelflügeln flog er mit seinen zu langen Paddeln umgebauten Gliedmaßen durchs Wasser. Mit seinen scharfen Zähnen war er ein gefährlicher Fisch- und Tintenfischräuber. Er musste wie heutige Meeresschildkröten zur Eiablage mühselig an Land kriechen, deshalb schützten knöcherne Bauchrippen seinen Bauch. Im Lauf der nächsten 100 Millionen Jahre wurden die Paddelechsen immer größer: Der bis zu 25 m lange Liopleurodon überwältigte ohne Probleme große Haie und Fischsaurier. Am Ende der Kreidezeit starben auch die Paddelechsen aus.

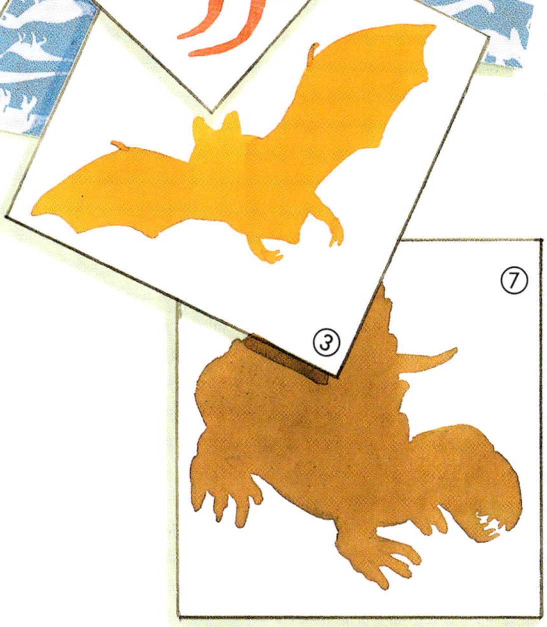

MITMACH-SUCHSPIEL

Hier seht ihr verschiedene Tiere, von denen immer je zwei einander ähneln. Findet ihr die Paare? Welche Tiere lebten im Erdmittelalter und welche leben heute? Findet ihr darunter auch lebende Fossilien?

LÖSUNG:

1 Nautilus (Perlboot) 2 *Ammonit*
3 Fledermaus 4 *Pterodactylus*
5 *Ichthyosaurus* 6 Delfin
7 *Dimetrodon* 8 Brückenechse
9 *Archaeopteryx* 10 Elster
11 *Stegosaurus* 12 Nashorn

Die kursiv gedruckten Tiere sind heute ausgestorben.
Die Brückenechse ist ein lebendes Fossil.

DIE TROPISCHE LAGUNE VON SOLNHOFEN

Wenn vor 150 Millionen Jahren die Sonne über Solnhofen aufging, dann schien sie auf eine tropische Jura-Lagune mit strahlend blauem Wasser wie in der Südsee. Das Festland lag nicht weit entfernt im Norden, südlich schirmte ein Korallenriff das seichte Wasser gegen das tiefe Tethysmeer ab. Im feinen Kalk sind die Skelette von Flugsauriern und dem Urvogel Archaeopteryx besonders schön erhalten geblieben.

23:13 UHR

FLIEGENDE SAURIER

Die ersten Urweltflieger unter den Wirbeltieren waren seit der Triaszeit (s. Zeittafel vorne im Buch) die Flugsaurier. In der Jurazeit hatten sie schon die ganze Welt erobert, denn auf fast allen Kontinenten wurden ihre versteinerten Skelette gefunden. Sie stammen wie die Krokodile, Dinosaurier und Vögel von kleinen Archosauriern ab. Flugsaurier hatten keine Vogelflügel, sondern eine Flughaut, die sich zwischen dem verlängerten vierten Finger der Hand und den Körperseiten ausspannte. Ihr Körper war vielleicht mit feinen Haaren oder Daunen bedeckt – manche Funde zeigen eine fellähnliche Struktur an den Körperabdrücken.

DIE ERFOLGREICHEN FLUGSAURIER

Die urtümlicheren Langschwanz-Flugsaurier lebten in der Trias- und Jurazeit. Sie hatten noch einen langen Schwanz, der zum Steuern beim Fliegen und zum Landen an Bäumen und Felsen diente. Die langschwänzigen Rhamphorhynchus-Arten fischten mit ihren auffallend spitzen Schnäbeln in der Lagune von Solnhofen: In ihren versteinerten Mägen lagen deshalb halb verdaute Fische.

Die Kurzschwanz-Flugsaurier, die vom Oberjura bis ans Ende der Kreidezeit lebten, waren perfekte Segelflieger und konnten auch ohne Schwanz sehr gut steuern. Sie nutzten die kleinsten Aufwinde zum kilometerweiten energiesparenden Flug. In der Solnhofener Lagune filterten Ctenochasma (Kamm-Maul) und

Gnathosaurus (Kieferechse) mit ihrem Reusengebiss wie heutige Flamingos winzige Organismen aus dem Wasser. Anurognathus, der Schwanzloskiefer, (s. S. 3) und Pterodactylus, der Flügelfinger, stellten vermutlich Insekten nach.

Während ihrer 140 Millionen Jahre langen Entwicklungsgeschichte waren die Flugsaurier sicher genauso formenreich wie die heutigen Vögel. Unter ihnen gab es Arten, die nur so groß wie ein Spatz waren. Andere, wie der Quetzalcoatlus aus der Kreidezeit von Amerika, erreichten mit 12 m Flügelspanne die Größe eines kleinen Sportflugzeugs. Am Ende der Kreidezeit starben alle Flugsaurier aus.

DER URVOGEL ARCHAEOPTERYX

Vögel gibt es seit der Jurazeit. Einer der ersten war der taubengroße Archaeopteryx. Sieben Skelette wurden in den Kalken von Solnhofen freigelegt. Seine Vorderbeine waren wie bei allen Vögeln zu Flügeln mit Federn entwickelt. Wie seine Vorfahren, kleine Fleisch fressende Dinosaurier, hatte er Zähne, Krallen an den Flügeln und einen langen Echsenschwanz. Früher glaubte man, dass der Urvogel nur schlecht fliegen konnte. Heute sehen die Wissenschaftler durch den Vergleich seines Körperbaus mit dem heutiger Vögel in ihm ein hoch entwickeltes Federvieh. Sein Lebensraum waren die Bäume, an deren Stämmen er hochkletterte. Dann flatterte er von Baum zu Baum, auf der Suche nach Insektennahrung.

IN DEN SUMPFWÄLDERN DER FRÜHEN KREIDEZEIT

Vor 150 Jahren dachten die Wissenschaftler noch, dass der Leguanzahndinosaurier Iguanodon ein Drache mit einem nashornähnlichen Horn auf der Schnauze sei. Spätere Funde widerlegten diesen Irrtum: Das kurze Horn war eine Kralle am Daumen. Iguanodon war einer der erfolgreichsten Dinosaurier. Er lebte in tropischen Sumpfwäldern und genau die gab es bei uns im Sauerland vor 115 Millionen Jahren.

23:24 UHR

IGUANODON, DER LEGUANZAHNDINOSAURIER
So lange wie er lebte keine andere Dinosaurierart: Über 40 Millionen Jahre lang besiedelten Iguanodons alle Kontinente der Nordhalbkugel. Das beweisen Tausende von versteinerten Knochen. Seinen Erfolg verdankte er vielleicht seinem Gebiss: Er hatte auch im hinteren Kieferteil gut entwickelte Zähne, mit denen er harte Farne und Schachtelhalme zermahlen konnte. Kauen beschleunigte den Verdauungsprozess erheblich. Damit ihm nichts aus dem Maul fiel, hatte er wahrscheinlich Backentaschen wie die Säugetiere. Das ist selten unter den Kriechtieren, die gewöhnlich ihre Nahrung in großen Brocken einfach hinunterschlucken.

Der bis zu 10 m lange und 5 m hohe Iguanodon lebte in kleinen Herden zusammen mit den Jungtieren, wie versteinerte Fußspuren zeigen. Meist lief der mehrere Tonnen schwere Dinosaurier langsam auf allen vieren. Manchmal richtete er sich auf um mit seinen Händen Blätter von den Bäumen abzurupfen. Mit der kräftigen Daumenkralle konnte er Fleisch fressenden Raubsauriern zur Verteidigung tiefe Wunden zufügen.

RIESIGE RAUBSAURIER UND RIESENDINOSAURIER

Der Fund eines einzelnen bananengroßen Zahns und versteinerte Spuren beweisen, dass sich Iguanodon gegen riesige Raubsaurier verteidigen musste. Diese sahen vielleicht so aus wie der berühmte Allosaurus, waren aber mit bis zu 15 m Körperlänge viel größer. Außerdem lebten damals im Sauerland Riesendinosaurier. Von ihnen fand man ebenfalls keine Skelette, aber ihre versteinerten, bis zu 1,3 m großen Fußabdrücke. Vergleiche mit Spuren von bekannten Riesendinosauriern ergaben, dass diese gigantischen Pflanzenfresser wohl Verwandte von Brachiosaurus waren: Ein Brachiosaurus hatte 3 bis 4 m hohe Beine, einen 4 m langen Leib und ein Gewicht von etwa 25 Tonnen!

DIE ERSTEN BLÜTENPFLANZEN

In der frühen Kreidezeit fand außerdem die wahrscheinlich wichtigste Entwicklung des Erdmittelalters statt: Die ersten Blütenpflanzen erschienen. Das waren zunächst unscheinbar blühende Sträucher. Doch schon in der späten Kreidezeit wurde die ganze Welt durch sie bunter. Und ohne die nektar- und pollenreichen Blüten hätten sich unter den Insekten keine Bienen, Hummeln und Schmetterlinge entwickeln können.

DIE LETZTEN DINOSAURIER DER ERDGESCHICHTE

Aus der späten Kreidezeit gibt es in Deutschland so gut wie keine Funde von versteinerten Wirbeltieren. Deshalb besuchen wir den Westen der USA. Dort lebten vor 68 Millionen Jahre Tyrannosaurus rex, Ankylosaurus und Triceratops, die letzten Dinosaurier der Erdgeschichte.

23:38 UHR

EINE ZEIT DES WANDELS

In der späten Kreidezeit wurde es weltweit kühler und viele Wälder gingen zugrunde. Die Vogelarten vermehrten sich stark, Flugsaurier dagegen wurden artenärmer. Fischsaurier gab es schon lange nicht mehr, doch die erfolgreichen Dinosaurier bevölkerten weiterhin fast jeden Landstrich.

DIE PFLANZENFRESSER

Die vorherrschenden Weidetiere waren Hadrosaurier wie Parasaurolophus. In Herden zogen die bis zu 10 m langen Tiere durchs Land und rissen mit ihren entenähnlichen Schnäbeln harte Pflanzen ab. Auch andere Pflanzenfresser vermehrten sich: die gepanzerten Ankylosaurier, die den Straußen ähnelnden Ornithomimiden und die Pachycephalosaurier, die ihren bis zu 25 cm starken Kopfpanzer wohl bei Revier- und Paarungskämpfen einsetzten. Auch gab es immer mehr Horndinosaurier wie den Triceratops. Ihre gewaltigen Hörner benutzten sie wohl wie heutige Ziegen und Schafe bei Kämpfen um Reviere und Liebespartner.

1 Flugsaurier Quetzalcoatlus
2 Flugsaurier Ichthyornis
3 Raubdinosaurier Raptor
4 Ankylosaurus
5 Stegosaurus
6 Alamosaurus
7 Parasaurolophus
8 Tyrannosaurus
9 Pachycephalosaurus
10 Ornithomimus
11 Triceratops

DIE JÄGER

Die Pflanzenfresser wurden von kleinen Raptoren und großen Jägern wie dem Tyrannosaurus gejagt. Mit 14 m Länge war Tyrannosaurus vielleicht der größte Raubsaurier, denn er hatte die längsten Zähne und den größten Kopf von allen. Wenn er sein Maul aufriss, betrug der Abstand zwischen seinen Kiefern fast 1,5 m! Sein Jagdverhalten ähnelte wohl dem heutiger Haie: Er stürzte sich auf seine Beute und riss bis zu 70 kg schwere Fleischbrocken heraus. Die kleinen Raptoren dagegen jagten im Rudel.

DIE ERSTEN SÄUGETIERE

Zeitgleich mit den Dinosauriern lebten schon die ersten Säugetiere. Es waren mauskleine bis hasengroße Tiere, die tagsüber schliefen. Erst mit Einbruch der Dunkelheit wurden sie aktiv: Nun machten sie sich über die Reste der Mahlzeiten der Riesen her, fingen Insekten oder ernährten sich von pflanzlicher Kost. Empfindliche Schnurrhaare an der Schnauze und große Augen halfen ihnen dabei, sich nachts zu orientieren. Wie diese frühen Säugetiere genau aussahen, können wir nur ahnen. Denn von den meisten Arten werden nur die typischen Säugerzähne in den Gesteinen gefunden, jeder Skelettfund ist eine Sensation.

QUIZFRAGE: Wessen Spuren siehst du hier?

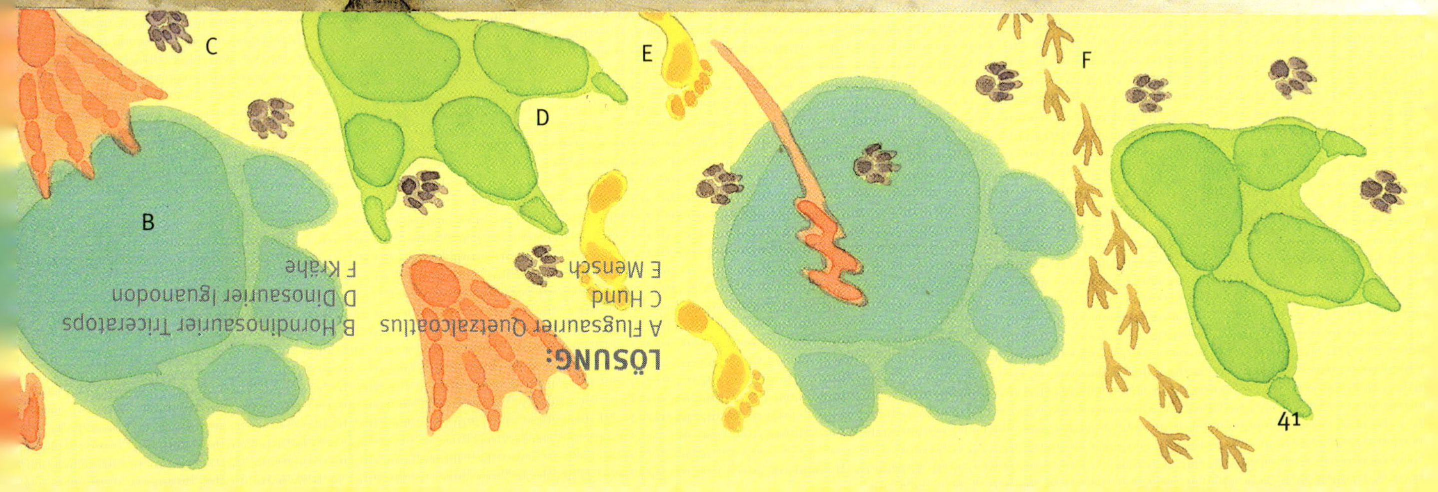

LÖSUNG:
A Flugsaurier Quetzalcoatlus
C Hund
E Mensch
B Horndinosaurier Triceratops
D Dinosaurier Iguanodon
F Krähe

Über die ersten Säugetiere wissen wir sehr wenig, da bisher fast nur Zähne und Kieferreste von ihnen gefunden wurden. So viel ist aber klar: Sie waren klein und verschliefen den Tag. Nachts, wenn die Dinosaurier ruhten, gingen die Kleinsäuger auf die Suche nach Samen, Knollen, Insekten und Eiern. Vielleicht sind wegen dieser Vorfahren so viele heutige Säugetiere nachts unterwegs: Igel, Fledermäuse, Dachse, Marder, Füchse und Mäuse.

Nashörner und Tapire
Brontotherium (Oligozän)
Nashorn

Pferde
Urpferd Eohippus (Eozän)
Zebra
Araber-Pferd

Wale und Delfine
Basilosaurus (Eozän)
Delfin

Katzen
Säbelzahntiger (Pleistozä
Löwe
Siam-Katze

DER AUFSTIEG DER SÄUGETIERE

Das Aussterben der Dinosaurier war die Chance für die Säugetiere. Bereits nur 15 Millionen Jahre später zeigen Fossilien, dass die Säugetiere die Welt mit so unterschiedlichen Gruppen wie Raubtieren, Nagern, Walen, Huftieren und Fledermäusen erobert hatten. Schon im Erdmittelalter gab es Säugetiere auf der Erde. Sie hatten sich aus säugerähnlichen Reptilien vor 200 Millionen Jahren entwickelt.

DAS ENDE DER DINOSAURIER ODER DIE GROSSE KATASTROPHE VOR 65 MILLIONEN JAHREN

23:39:30 UHR

Vor 65 Millionen Jahren beendete eine Katastrophe die Herrschaft der Dinosaurier: Ein gewaltiger Meteorit prallte wie ein riesiges Geschoss mit Tempo 90 000 auf die Erde und hinterließ vor der mexikanischen Küste einen 300 km breiten Krater. Was dann passierte, haben Paläontologen am Computer simuliert: Die Explosion beim Aufprall war so gewaltig, dass viele Millionen Tonnen Staub in die Atmosphäre gewirbelt wurden und weltweit Vulkane ausbrachen. Dicke Asche- und Staubwolken verdunkelten den Himmel und viele Monate lang schien auf der Erde keine Sonne mehr. Ohne Sonnenlicht erstarrte das Leben vor Kälte, die Pflanzen starben ab und die Lebewesen, die sich von ihnen ernährten, verhungerten. Für kurze Zeit war der Tisch für die Aas- und Fleischfresser reich gedeckt, doch bald fanden auch sie keine Beute mehr.

Nach wenigen tausend Jahren waren 75 Prozent aller Tier- und Pflanzenarten ausgestorben. Selbst die urzeitlichen Tintenfische, die Belemniten und Ammoniten, haben diese Katastrophe nicht überlebt. An Land gab es keine Dinosaurier, in der Luft keine Flugsaurier und im Meer keine Paddelechsen mehr. Die Könige der Erde waren tot! Das Leben auf der Erde stand erneut vor einem Umbruch, wie es ihn seit dem größten Massensterben am Ende des Erdaltertums nicht mehr gegeben hatte.

ERDNEUZEIT:
DAS ZEITALTER DER SÄUGETIERE

Sicher fragt ihr euch, warum die Säugetiere nicht auch mit den Dinosauriern ausgestorben sind. Vermutlich lag das an der Lebensweise dieser frühen Säuger im Erdmittelalter: Sie hatten eine stets gleichmäßig warme Körpertemperatur und konnten auch in der kalten Nacht aktiv sein. Sie ernährten sich von allem Fressbaren, das sie fanden und brauchten außerdem durch ihre geringe Größe nur recht wenig Nahrung. Mit dem Aussterben der Dinosaurier vor 65 Millionen Jahren gab es plötzlich auf der Erde viele Lebensräume, die frei wurden.

EROBERUNG DER LEBENSRÄUME

Die frei gewordenen Lebensräume wurden in der geologisch kurzen Zeitspanne von nur 15 Millionen Jahre von den Säugetieren besiedelt. Sie entwickelten eine ungeheure Vielfalt: Vorfahren der Wale gingen ins Meer um den Platz der Fischsaurier einzunehmen. Die Gestalt eines Delfins ähnelt verblüffend der des ausgestorbenen Fischsauriers. Säbelzahntiger und Löwen wurden so ausgezeichnete Jäger wie die Raubsaurier. Andere entwickelten Flügel, schnelle Laufbeine und vieles mehr. Heute gibt es auf der Erde etwa 4000 verschiedene Säugetierarten, darunter der Mensch. Auf dem seit dem Erdmittelalter isolierten Inselkontinent Australien leben noch heute wie vor vielen Millionen Jahren urtümliche Beuteltiere wie das Känguru. Moderne Säugetiere erreichten diesen Kontinent erst auf den Schiffen der Menschen. Die nördlichen Kontinente Nordamerika, Europa und Asien hingegen hatten immer wieder Landverbindungen, über die die Vorfahren der Pferde, Elefanten und anderer Arten hin und her wanderten.

Entwicklung der Pferde: Eohippus Mesohippus Merychippus

Die Säugetiere werden nach ihrer Verwandtschaft in Gruppen, wie Kamele und Hornträger oder Pferde, eingeteilt. Ganz hinten kannst du Vertreter der jeweiligen Gruppen sehen, die schon lange ausgestorben sind. In der zweiten Reihe von unten erkennst du sicher einige Tiere: Das sind die Säugetiere, die heute leben. Und ganz vorne siehst du einige Haustiere: Sie stammen von wilden Säugetieren ab und wurden vom Menschen gezüchtet.

ren, Hunde, Marder
hlenbär (Pleistozän)
aunbär
häferhund

Robben, Seekühe
Enaliarctos (Miozän)
Walross

Nagetiere, Hasentiere
Telicomys (Pliozän)
Biber
Zuchtkaninchen

Menschen
Australopithecus (Pliozän)
Mensch
Forscher

Ein Beispiel: In der Spalte Katzen findest du ganz hinten den Säbelzahntiger, in der mittleren Reihe den heute in Afrika lebenden Löwen und ganz vorne eine Hauskatze, die Siamkatze.

Affen, Primaten
Gigantopithecus (Pliozän)
Lemur

Insektenfresser
Hyaenodon (Miozän)
Igel

Zahnlose, Erdferkel
Megatherium (Pleistozän)
Gürteltier

Beuteltiere
Diprotodon (Pleistozän)
Känguru

Mitmach: Säugetier-Quiz

1. Worin unterscheiden sich Säugetiere von Kriechtieren?
   a) Säugetiere können ihre Körpertemperatur nicht regulieren.
   b) Säugetiere haben stets eine gleichmäßig warme Körpertemperatur
2. Waren die meisten Säugetiere des Erdmittelalters
   a) Allesfresser oder ernährten sie sich
   b) nur von Blütenknospen?

3. Warum waren die ersten Säugetiere des Erdmittelalters so klein?
   a) Weil sie sich so besser vor den Dinosauriern verbergen konnten.
   b) Weil sie im heißen Klima nicht so schwitzen mussten.
4. Säugetiere gebären lebende Junge.
   Gibt es heute auch Säugetiere, die Eier legen?

Lösung: 1b, 2a, 3b, 4a, 5: ja: Schnabeltiere

LEBENDE FOSSILIEN: GINKGO

Der Ginkgo ist die älteste Baumart, die es gibt. Schon im Erdmittelalter wuchsen Ginkgobäume fast überall auf der Erde, wie Funde seiner versteinerten Blätter beweisen. Dieser Baum überlebte auch das große Massensterben am Ende der Kreidezeit und wuchs vor dem Eiszeitalter sogar wild bei uns. Möchtest du heute einen Ginkgobaum sehen, musst du nicht in seine asiatische Heimat reisen, sondern du kannst ihn in fast jedem Park finden.

DIE GESCHICHTE DER PFERDE

Im Lauf der Jahrmillionen entwickelten sich aus kleinen Laub fressenden Waldbewohnern die großen Gras fressenden Pferde , die heute in den weiten Steppen Asiens und Afrikas leben. Die Pferde stammen von urtümlichen Huftieren ab, die am Anfang der Erdneuzeit in Nordamerika lebten. Das erste Pferd Eohippus (das »Pferd der Morgenröte«) war so groß wie ein Hase, und sah einer kleinen Waldantilope ähnlicher als einem heutigen Pferd. Es lebte vor etwa 55 Millionen Jahren versteckt im dichten Urwald. Da es noch auf vier Zehen lief, sank es nicht so schnell im sumpfigen Waldboden ein. Von ihm stammen die Urpferde von Messel ab.

25 Millionen Jahre nach dem Eohippus trat im Oligozän das Mesohippus auf, das wegen seiner Schafgröße »Mittelpferd« genannt wird. Es lebte immer noch im Wald und ernährte sich von Laub. Im Miozän wurde das Klima immer trockener. Wälder verschwanden und erstmals breiteten sich weite Grassteppen aus, wo vorher Wälder wuchsen. Hier lebte in großen Herden das eselgroße Merychippus, das »grasende Pferd«. Es hatte noch drei behufte Zehen, aber die mittlere Zehe war schon sehr verlängert, die beiden anderen zu kleinen Anhängseln verkümmert. Diese seitlichen Zehen berührten nur noch dann den Boden, wenn es auf der Flucht im schnellen Lauf über die Steppe sauste. Wie sein Name schon sagt, war es das erste Pferd, das sich von Gras ernährte. Von Merychippus stammen die dreizehigen Urpferde Hipparion des Höwenegg ab.Im Pliozän vor 5 Millionen gab es fast nur noch Grassteppen auf den nördlichen Kontinenten. In den weiten Prärien lebte das erste einzehige Pferd, das Pliohippus. Von ihm stammen alle heutigen Wildpferde, Esel und Zebras ab.

Entwicklung des Menschen

Affenähnlicher Australopithecus (lebte vor 5 – 1,2 Mio. Jahren)

Homo erectus (lebte vor 1,8 – 0,5 Mio. Jahren)

Homo sapiens (lebt seit etwa 0,5 Mio. Jahren)

DIE GESCHICHTE DES MENSCHEN

Die Entwicklungsgeschichte des Menschen steckt hingegen noch voller Rätsel: Fossilfunde belegen, dass vor 5 Millionen Jahren der affenähnliche Australopithecus in Afrika lebte. Von ihm stammen vermutlich die Frühmenschen Homo habilis und Homo erectus ab, aus denen sich wohl der heutige Mensch Homo sapiens entwickelte.

Höhlenmalerei (ca. 50 000 Jahre alt)

Pliohippus

Heutiges Pferd Equus

Moderner Homo sapiens

Fossil des Urpferds von Messel

EIN DSCHUNGEL IN DEUTSCHLAND: DIE GRUBE MESSEL

Vor 49 Millionen Jahren wuchsen in Deutschland tropische Urwälder wie im heutigen Südostasien – das zeigen die versteinerten Funde aus der Grube Messel bei Darmstadt. Hier lag damals ein riesiger See inmitten eines üppigen tropischen Urwalds, in dem Insekten, Würgeschlangen und tropische Vögel in großer Artenvielfalt lebten. Das Klima war sehr warm – denn in Messel gab es Palmen, Lorbeer- und andere Gewächse, deren heutige Verwandte in den Tropen wachsen.

23:45 UHR

DIE BERÜHMTEN VERSTEINERTEN SÄUGETIERE

Weltweit berühmt wurde die Fundstätte Messel durch die außergewöhnlichen Säugetierfossilien. Damals – 16 Millionen Jahre nach dem Aussterben der Dinosaurier – haben die Säugetiere weltweit die Oberhand an Land gewonnen und entwickelten zahlreiche neue Tierarten. Die schäferhundgroßen Urpferde ähnelten ihren heutigen Verwandten kaum, denn sie hatten mehrere Zehen an jedem Fuß. In ihren versteinerten Mägen liegen Reste von Blättern und Früchten.

Das Messelobunodon, ein früher Verwandter der Hirsche, suchte im Gestrüpp nach Pilzen. Der igelähnliche Macrocranion fand in den Pfützen am Seeufer immer wieder einmal einen gestrandeten Fisch. Bestens an das Leben in den Bäumen angepasst waren Europolemur-Halbaffen und Früchte fressende Kopidodon-Urhuftiere. Ameisenbären und Schuppentiere machten Jagd auf Ameisen und Termiten.

RIESIGE KROKODILE UND RAUBVÖGEL

Doch das Leben am See war kein Paradies. Im Wasser lebten bis zu 4 m lange Krokodile. Paläontologen fanden einen in zwei Teile zerrissenen Affenkörper und einen Affenknochen, in dem ein Krokodilzahn steckt. Im Dämmerlicht des Urwalds lauerte der fast 2 m hohe, flugunfähige Raubvogel Diatryma auf Beutetiere. Hatte er kein Jagdglück, nahm er auch mit toten Tieren vorlieb. Da Fleisch fressende große Raubkatzen fehlten, hatte er keinen Konkurrenten.

TOD AUS DEM SEE

Aus dem trüben Seewasser stiegen von Zeit zu Zeit giftige Gaswolken auf. Fledermäuse, die den See bei ihrer Jagd nach Insekten überflogen, erstickten und stürzten ab. Deshalb gibt es wohl so viele Fledermaus-Fossilien in den Gesteinen von Messel. Sie sahen so aus wie heutige Fledermäuse und orteten ihre Beute wohl auch schon mit Ultraschall, wie ihr Schädelbau verrät.

1 Krokodil
2 Fledermäuse
3 Ibisse
4 Diatryma
5 Europolemur-Halbaffe
6 Ameisenbär
7 Urpferd von Messel
8 Leptictidium
9 Macrocranion
10 Messelobunodon
11 Kopidodon-Urhuftier

DIE SAVANNE AM HÖWENEGG-VULKAN

Vor 11 Millionen Jahren gab es in Südbaden einige Vulkane. Einer davon war das Höwenegg, an dessen Fuß ein großer warmer See lag. Vertraute Bäume wie Ahorn, Pappel, Ulme, Kastanie und Eiche wuchsen in der parkartigen Landschaft, die an die Savannen im heutigen Ostafrika erinnert. Doch die Tierwelt war sehr fremdartig – und ihr König war der Säbelzahntiger!

23:56 UHR

DIE GROßEN HUFTIER-HERDEN

Um den Höwenegg-Vulkan müssen große Herden von Huftieren gelebt haben, denn ihre versteinerten Reste machen den überwiegenden Teil der Fossilfunde aus. Auf den offenen Grasflächen trabten Herden des dreizehigen Urpferdes Hipparion und auch die flinken Urantilopen Miotragocerus weideten dort. Zum Trinken zogen sie zum See am Fuß des Vulkans. Sogar der fast 4 m hohe Hauerelefant Dinotherium kam regelmäßig ans Seeufer. Er trug im Gegensatz zu allen anderen urzeitlichen und heutigen Elefanten zwei große Stoßzähne nicht im Ober-, sondern im Unterkiefer.

DER KÖNIG DER SAVANNE

Nur einer seiner dolchartig verlängerten Eckzähne wurde bisher von dem Säbelzahntiger Machairodus gefunden. Doch er bezeugt, dass dieses löwengroße Raubtier in der Miozänzeit in Süddeutschland gelebt hat. Dort jagte der König der Savanne Urpferde, Hirschferkel und hornlose Nashörner. Ur-Hyänen wie Thalassictis machten ihm wohl manche Beute streitig, so wie die heutigen afrikanischen Hyänen den Löwen.

Im nahe gelegenen Wald lebte ein anderer Elefant, das Gomphotherium. Dort hielt sich auch meist das bis zu 2 m hohe Urhuftier Chalicotherium auf. Mit seinen großen Krallen riss es wohl Laub und Früchte von den Bäumen und grub Knollen und Wurzeln aus. Wer seine Vorfahren waren und welche heutigen Säugetiere mit ihm verwandt sind, wissen die Paläontologen noch nicht.

Im Lauf der folgenden Jahrmillionen wurde das Klima in Südbaden immer kühler. Deshalb wanderten die Tiere in wärmere Gegenden oder starben am Beginn des Eiszeitalters vor 2 Millionen Jahren aus.

1 Urhuftier Chalicotherium
2 Urpferd Hipparion
3 Urantilope Miotragocerus
4 Urhyäne Thalassictis
5 Hauerelefant Dinotherium
6 Säbelzahntiger Machairodus

ALS DIE EISZEITEN KAMEN

Vor 2 Millionen Jahren wurde es kalt auf der Erde. Gletscher breiteten sich vom Nordpol nach Süden und von den Gebirgen in die Täler aus. Schließlich bedeckten Kilometer dicke Eispanzer den Norden von Europa, Asien und Amerika. Dann wurde es wieder wärmer und die Gletscher schmolzen ab, bevor die nächste lange Eiszeit begann. Mindestens fünfmal wechselten seither lange Kaltzeiten und kürzere Warmzeiten ab. Heute befinden wir uns in einer solchen Warmzeit, der Nacheiszeit.

23:59:41 UHR

DIE KALTZEITEN

In den Kaltzeiten war das Klima bei uns so wie im heutigen Sibirien. Am Rand der Gletscher, die weite Teile Nordeuropas bedeckten, breitete sich eine fast baumlose Kältesteppe mit niedrigen Gräsern und Kräutern aus. Sie heißt die Mammutsteppe. Dort fanden viele große Pflanzenfresser im kurzen, sonnenreichen Sommer ausreichend Nahrung – so wie heute Kühe auf den Bergalmen. Der Riese der Eiszeit war das Wollhaarmammut. Große Bullen hatten eine Schulterhöhe von fast 4 m. Täglich brauchte ein Mammut etwa 225 Kilogramm frisches Futter. Die Mägen vereister Mammuts, die in den gefrorenen Böden Russlands gefunden wurden, zeigen ihre Hauptnahrung: Gras ergänzt durch Kräuter, Zweige und Laub. Mit ihren gewaltigen Stoßzähnen schoben sie den verharschten Schnee weg um an die Pflanzen zu gelangen. Auch Wollnashörner, Riesenhirsche mit 30 Kilogramm schweren Geweihen, Bisons, Rentiere und Moschusochsen fraßen Grünzeug. Sogar der Höhlenbär ernährte sich hauptsächlich vegetarisch, obwohl er zu den Raubtieren gehört.

Wo Pflanzenfresser gedeihen konnten, wurden auch große Raubtiere satt. Dies waren in den Kaltzeiten Höhlenlöwen und Höhlenhyänen.

23.59 UHR

Sommertag in der Kaltzeit

DIE WARMZEITEN

Zwischen den Kaltzeiten wurde das Klima für mehrere tausend Jahre wieder warm, manchmal sogar noch wärmer als heute. Die Kälte liebenden Tiere wanderten mit dem zurückgehenden Eis nach Norden. Eichen und Linden wuchsen nun da, wo einige Jahrtausende zuvor die Mammutsteppe lag. Diese Pflanzen hatten die Kaltzeit im Mittelmeerraum überlebt. Von dort zogen auch Rehe und Wildschweine her, die heute noch bei uns leben. In den Gesteinen fanden die Paläontologen aber auch Skelette von Waldelefanten, Waldnashörnern, Flusspferden und Berberaffen. Heute leben deren Verwandte in tropischen Ländern. Daraus schließen die Paläontologen, dass damals die Winter frostfrei waren. Säbelzahnkatzen, die größten Raubtiere im warmzeitlichen Europa, jagten auch größere Beutetiere.

Die letzte Warmzeit endete vor 100 000 Jahren. In der darauffolgenden letzten Kaltzeit wanderten die Wärme liebenden Tiere nach Süden. Waldelefanten zogen auf einige Inseln im Mittelmeer, wo sie noch vor wenigen tausend Jahren lebten – allerdings in Minigröße. Dann starben auch sie wie die Waldnashörner und Säbelzahnkatzen aus.

1 Rentiere
2 Riesenhirsche
3 Wollnashorn
4 Bison
5 Wollmammut
6 Höhlenbär
7 Flusspferd
8 Säbelzahnkatze
9 Rehe
10 Waldelefant
11 Wildschweine

Sommertag in der Warmzeit

IM LAGER DER MAMMUTJÄGER

Schon vor rund 200 000 Jahren lebten frühe Menschen in der eiszeitlichen Mammutsteppe. Sie jagten mit einfachen Steinwerkzeugen so große Tiere wie Mammuts und Wollnashörner. In der letzten Kaltzeit, die vor 12 000 Jahren endete, errichteten sie in ihren Lagern Hütten aus Mammutknochen, die den Iglus der Eskimos ähnelten.

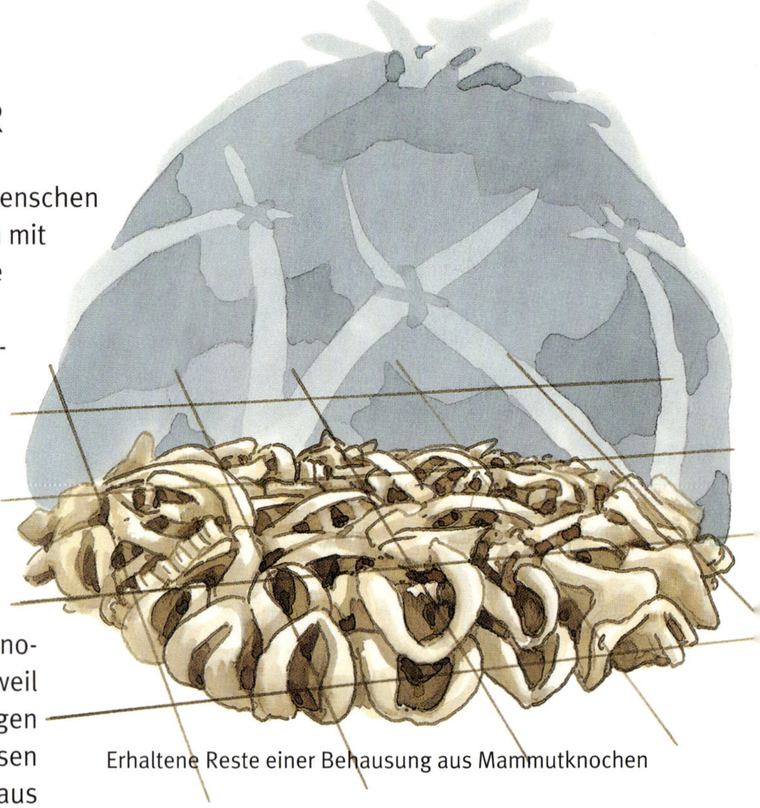

Erhaltene Reste einer Behausung aus Mammutknochen

23:59:59 UHR

IM HÜTTENLAGER

Während der letzten Kaltzeit waren Mammutknochen ein begehrter Rohstoff. Das wissen wir, weil an allen Fundstätten menschlicher Besiedlungen aus der damaligen Zeit Reste dieser Eiszeitriesen gefunden wurden. Die Menschen fertigten aus den gesammelten Knochen Werkzeuge oder verbrannten sie in ihren Feuerstellen, denn Holz gab es so gut wie keines. Bald kamen sie auch auf die Idee, aus den Knochen ihre Behausungen gegen die bittere Kälte zu bauen. Schützende Höhlen gab es nämlich in der eiszeitlichen Steppe Osteuropas nicht. Bis heute kennt man über 70 Hütten an verschiedenen europäischen Fundplätzen.

In den Hüttenlagern lebten jeweils rund 50 Personen. Auf einem stabilen Fundament aus Mammutknochen errichteten die Menschen vermutlich ein Gerüst, auf das sie Tierfelle legten. Nach den Berechnungen der Archäologen bauten zehn Personen eine Woche lang an solch einer Hütte. Jede Hütte hatte eine Feuerstelle und eine tiefe Vorratsgrube, die mit Hunderten von Knochen von Mammuts und anderen Tieren gefüllt war.

DIE STEINZEITLICHEN JÄGER

Schnittspuren an vielen Knochen und steckengebliebene Speerspitzen beweisen, dass Menschen die großen eiszeitlichen Tiere gejagt haben. Um zu erfahren, wie sie das wohl mit ihren einfachen Werkzeugen und Waffen getan haben, lohnt ein Blick auf die Jagdmethoden heutiger Naturvölker. Getarnte Fallgruben haben die Mammutjäger im mehrere Meter tief gefrorenen Boden wahrscheinlich nicht gebaut. Auch konnten sie keine Speere von Bäumen herunterwerfen, weil es diese kaum gab. Deshalb gingen wahrscheinlich viele Menschen gemeinsam auf die Pirsch und trieben Mammuts mit Feuer oder Lärm in einen Abgrund oder legten Schlingen aus, in denen sich die Tiere verfingen.

Elfenbeinschnitzereien:
oben Höhlenlöwe
unten Wildpferd

DAS ENDE DER EISZEIT: DAS ZEITALTER DES MENSCHEN

Vor 10 000 Jahren starben auf der ganzen Welt rund 70 Prozent aller großen Säugetierarten aus: Säbelzahnkatzen, Mammuts, Waldelefanten, Wollnashörner, Riesenhirsche und viele andere große Pflanzenfresser. Grund dafür waren wohl die Veränderungen, die die Lebensgrundlage für viele Tiere vernichteten: Im feuchteren und wärmeren Klima der Nacheiszeit breiteten sich auf den ehemaligen Grassteppen wieder Wälder aus und die Menschen begannen Ackerbau zu betreiben. Sie vermehrten sich rasch und entwickelten auch neue wirksamere Jagdwaffen. Nur auf den Inseln im Mittelmeer überlebten bis vor 5000 Jahren zwergengroße Elefanten, Flusspferde und andere Tiere der Warmzeit. Und auf der kleinen Wrangel-Insel im Hohen Norden starb vor 3700 Jahren, als im Alten Ägypten die Pyramiden gebaut wurden, das letzte Mammut – freilich auch ein Zwerg.

Die Erde nun ist 4600 Millionen Jahre alt. Tiere und Pflanzen entwickelten sich im Laufe dieser Zeit und passten sich den sich langsam verändernden Lebensbedingungen an. Der heutige Mensch ist erst 100 000 Jahre alt. Er beansprucht mit derzeit über 6000 Millionen Menschen immer mehr Platz auf der Erde und gestaltet die Umwelt so, wie es ihm passt. Wälder werden mit riesigen Maschinen abgeholzt, Meere verschmutzt, Sümpfe trockengelegt, gewaltige Flächen mit Beton versiegelt und die Atmosphäre mit Kohlendioxid und anderen Treibhausgasen vergiftet.

Manche Schäden lassen sich reparieren, andere, wie die Vernichtung des tropischen Regenwaldes und der darin lebenden Arten, nicht mehr. Schon heute gibt es viele Zeichen wie ausbleibende oder sintflutartige Niederschläge, dass sich das Klima auf unserer Erde stetig erwärmt. Dennoch haben die meisten Menschen es noch nicht verstanden, dass auch wir Teil der Lebensgemeinschaft auf unserem Planeten sind. Wie es unseren Nachfahren einmal gehen wird, hängt allein von unserem Umgang mit der Erde ab. Denn die großen Katastrophen der Erdgeschichte zeigen uns ganz deutlich: Das Leben auf der Erde wird weitergehen, egal ob mit oder ohne den Menschen!

INTERNETLINKS UND MUSEUMSADRESSEN

www.dinosaurier-interesse.de
Die Seite für Dinosaurier-Interessierte und interessierte Dinosaurier, mit speziellen Seiten für Erwachsene und Kinder

http://mn.st/gondwana
Einblicke in die Welt der Dinosaurier

www.dinosaurier-welt.de
Infos zu Dinosauriern und schöne Beschreibungen der Lebensräume im Erdmittelalter

www.dinomania.de
Aufwändig gestaltete Homepage mit guten Infos zu Forschung, Entwicklung und Spuren von Dinosauriern

Die Museen und Freilichtparks haben ebenfalls gute Webseiten zu urzeitlichen Themen.

www.blinde-kuh.de
Wenn du selbst auf die Suche gehen möchtest nach Internetlinks zu urweltlichen Themen, hilft dir die Kinder-Suchmaschine.

Freiluftparks – eine Auswahl

Bautzen
Saurierpark Kleinwelka
02625 Bautzen OT Kleinwelka
www.saurierpark.de

Rehburg-Loccum
Dinosaurierpark Münchehagen
Alte Zollstr. 5
31547 Rehburg-Loccum
www.dinopark.de

Museen – eine Auswahl

DEUTSCHLAND

Bad Kreuznach
Karl-Geib-Museum
Kreuzstr. 69
55543 Bad Kreuznach

Bayreuth
Urwelt-Museum Oberfranken
Kanzleistr. 1
95444 Bayreuth
www.Urwelt-Museum-Oberfranken.de

Berlin
Museum für Naturkunde
Invalidenstr. 43
10115 Berlin
www.museum.hu-berlin.de

Dortmund
Museum für Naturkunde der Stadt Dortmund
Münsterstr. 271
44145 Dortmund

Eichstätt
Jura-Museum
Burgstr. 19
85072 Eichstätt
www.jura-museum.de

Essen
Ruhrland-Museum
Bismarckstr. 62
45128 Essen
www.ruhrlandmuseum.de

Frankfurt
Senckenbergmuseum
Senckenberganlage 25
60325 Frankfurt am Main
www.senckenberg.uni-frankfurt.de

Göppingen
Dr. Engel-Museum
73035 Göppingen-Jebenhausen

Hamburg
Geologisch-Paläontologisches Museum der Uni Hamburg
Bundesstr. 55
20146 Hamburg

Holzmaden
Urwelt-Museum Hauff
Aichelbergstr. 90
73271 Holzmaden (bei Kirchheim/Teck)
www.urweltmuseum.de

Karlsruhe
Staatliches Museum für Naturkunde
Erbprinzenstr. 13
76133 Karlsruhe
www.smnk.de

Kleinholzhausen
Urweltmuseum Neiderhell
Steinbrucker Str. 4
83064 Kleinholzhausen/Obb.
www.urweltmuseum.com

Lübeck
Naturhistorisches Museum
Mühlendamm 1- 3
23552 Lübeck

Mainz
Naturhistorisches Museum
Reichklarastr. 10
55116 Mainz

Messel
Fossilien- & Heimatmuseum Messel
Langgasse 2
64409 Messel

München
Paläontologisches Museum München
Richard-Wagner-Str. 10
80333 München
www.palaeo.de/pal_museum

Münster
Geologisch-Paläontologisches Museum Münster
Pferdegasse 3
48143 Münster
www.uni-muenster.de/Geomuseum

Westfälisches Museum für Naturkunde
Sentruper Str. 285
48161 Münster

Stuttgart
Staatliches Museum für Naturkunde am Löwentor
Am Löwentor
70191 Stuttgart
www.naturkundemuseum-bw.de

Trossingen
Heimatmuseum Trossingen
Marktplatz 6
78647 Trossingen

Wuppertal
Fuhlrott-Museum
Auer Schulstr. 20
42103 Wuppertal
www.fuhlrott-museum.de

Lohnenswert ist auch der Besuch der Sammlungen der Geologisch-Paläontologischen Institute der Universitäten Erlangen, Göttingen und Tübingen

ÖSTERREICH

Bad Gleichenberg
Styrassic Park
Dinoplatz 1
8344 Bad Gleichenberg
www.styrassicpark.at

Wien
Naturhistorisches Museum Wien
Burgring 7
1014 Wien
www.nhm-wien.ac.at

SCHWEIZ

Aathal
Sauriermuseum Aathal
Zürichstr. 202
8607 Aathal-Seegräben
www.sauriermuseum.ch

Basel
Naturhistorisches Museum Basel
Augustinergasse 2
4001 Basel
www.nmb.bs.ch

Frick
Sauriermuseum Frick
Schulstr. 22
5070 Frick

Zürich
Kulturama
Englischviertelstr. 9
8032 Zürich
www.kulturama.ch

STICHWÖRTER

Diese Karte zeigt einige der wichtigsten Fundorte, an denen versteinerte Tiere und Pflanzen in Deutschland gefunden wurden. Sicher hast du schon auf einigen Seiten in diesem Buch Puzzle-Teile entdeckt. Sie zeigen dir hier auf der Karte, wo die Fundorte der beschriebenen Urzeittiere liegen.